保育の質が高まる！

2歳児の指導計画

子ども理解と書き方のポイント

阿部和子・山王堂惠偉子 編著

JN070436

中央法規

はじめに

　子どもたちは何か特別なことを体験することで育つのではなく、当たり前にくり返される日常を十分に生き、そこでの体験を積み重ねることで、日々を、そして、その連続の先の未来を、豊かに生きる力を獲得していきます。

　子どもの日常は一人では成り立ちません。子どもを温かく受けとめ、日常に心を砕き、それぞれの子どもが、それぞれの幸せを追求していくことを願い、その傍らにスタンド・バイする人がいなければなりません。

　本書は、子どもの姿を大切にして、迷いながらも実践してきた保育を振り返り、実践してきた記録をもとに自らの保育の考え方を明らかにし、そのうえで、試行錯誤を重ねながら取り組んださくらの保育園の1年間の計画と実践をもとにして編集しています。

　本書がこだわったのは、「子どもの姿」から指導計画を立案し、実践を展開し、その後、子どもの姿や内面の育ち（保育者の対応も含めて）を意識して実践を振り返り、次の計画を立案するという保育の連続性のリアリティです。そして、子どもの（今の）姿から、子どもの（明日の、未来の）姿へという育ちの連続性です。

　編著者の山王堂と阿部は、さくらの保育園の保育者が自らの実践を整理し形づくっていく過程に伴走しました。ですから、さくらの保育園の保育者と子どもたちが本書の真の著者です。さらに、本書を手にした方へと連続するとしたら、その方は、これからの本書の発展編の著者です。そのような連鎖が起きるとしたら、編著者の望外の喜びです。

2021年1月

編著者　阿部和子

山王堂惠偉子

保育の質が高まる！
2歳児の指導計画
子ども理解と
書き方のポイント

Contents

はじめに……3

本書の使い方……7

保育の基本はココから

第1章　2歳児の保育において大切にしたいこと

1　乳幼児期のよりよい生活（遊びを含む）とは……10

2　2歳児のよりよい生活……12

① **2歳児期に大切にしたいこと**……13

●「じぶんでできる」と主張する

●内面の揺れが受け止められコントロールする
　　──確実な避難場所としての保育者

●友だちと遊ぶ（保育者の仲立ち）

●言葉の習得（伝え合う）

② **保育所保育指針、幼保連携型認定こども園教育・保育要領で確認する**……24
　　──おおよそこの時期のねらい、
　　　内容、内容の取扱い（教育的側面）から

指導計画はココから

第2章 **2歳児の指導計画**

年間指導計画……32

4月
当初の子どもの姿と振り返り……36
月案……38
個別の計画(高月齢)……40
個別の計画(低月齢)……42

5月
前月の子どもの姿と振り返り……44
月案……46
個別の計画(高月齢)……48
個別の計画(低月齢)……50

6月
前月の子どもの姿と振り返り……52
月案……54
個別の計画(高月齢)……56
個別の計画(低月齢)……58

7月
前月の子どもの姿と振り返り……60
月案……62
個別の計画(高月齢)……64
個別の計画(低月齢)……66

8月
前月の子どもの姿と振り返り……68
月案……70
個別の計画(高月齢)……72
個別の計画(低月齢)……74

9月
前月の子どもの姿と振り返り……76
月案……78
個別の計画(高月齢)……80
個別の計画(低月齢)……82

10月
前月の子どもの姿と振り返り……84
月案……86
個別の計画(高月齢)……88
個別の計画(低月齢)……90

11月
前月の子どもの姿と振り返り……92
月案……94
個別の計画(高月齢)……96
個別の計画(低月齢)……98

12月
前月の子どもの姿と振り返り……100
月案……102
個別の計画(高月齢)……104
個別の計画(低月齢)……106

1月
前月の子どもの姿と振り返り……108
月案……110
個別の計画(高月齢)……112
個別の計画(低月齢)……114

2月
前月の子どもの姿と振り返り……116
月案……118
個別の計画(高月齢)……120
個別の計画(低月齢)……122

3月
前月の子どもの姿と振り返り……124
月案……126
個別の計画(高月齢)……128
個別の計画(低月齢)……130

保育の質向上はココから

第3章 乳幼児保育の基本と展開

**1 生涯発達における
乳幼児期の意義** ……134

① 社会の中の子ども──
関係の網目の中で生きる ……134

② 変化の激しい予測困難な
社会を生きる力 ……136

③ 生涯発達における
3歳未満の時期の重要性 ……138

**2 保育の基本
──保育所保育を中心に** ……141

① 生活の場 ……141

● 主体的存在──3歳未満児の主体性

● 主体的存在として受け止められ主体
として育つ

② 保育の目標、
教育・保育の目標 ……149

③ 保育のねらいおよび内容 ……152

● 3歳未満児の保育内容（ねらいと内容）

● 保育内容は発達過程に沿いながら連
続している

④ 保育の方法（乳幼児期の保育・
教育の独自性） ……158

● 養護と教育の一体化

● 生活や遊びを通して行われる

3 保育内容の展開 ……163

① 保育を構造化してとらえる ……163

● 保育の全体的な計画

● 全体的な計画の作成の手順

● 指導計画の構造

● 3歳未満児の指導計画作成の留意

② 保育（指導計画）の展開 ……168

● 子どもの姿─計画─実践─振り返
り・評価─計画の修正・改善

● 3歳未満児の指導計画作成の手順

● 指導計画作成後の確認

③ 保育の振り返り・評価 ……175

● 自己評価

● 保育を他者の目を通して評価する

資料　関連する計画

● 全体的な計画 ……180

● 保健計画 ……182

● 食育計画 ……184

● 保育の内容(例) ……186

● 自立の過程 ……188
睡眠・食事・遊びの発達過程、
排泄の自立の過程(例)

ダウンロードのご案内 ……190

著者紹介 ……191

本書（第2章）の使い方

本書の第2章は、月ごとに、「子どもの姿と振り返り」「月案」「個別の計画（高月齢・低月例）」の3構成になっています。各要素の連続性や関係性を踏まえて、指導計画を作成しましょう。

子どもの姿と振り返り

月　案

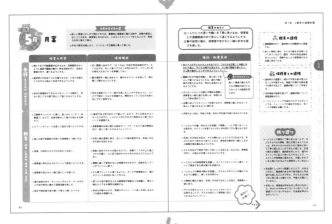

個別の計画

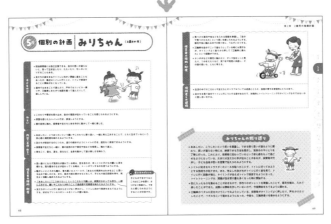

第1章

2歳児の保育において大切にしたいこと

1 乳幼児期のよりよい生活（遊びを含む）とは

　子どもにとってのよりよい生活（遊びを含む）は、「現在を最もよく生き、望ましい未来を創る出す力の基礎を培う（保育所保育指針の保育目標）」ことにつながる体験を十分にすることです。

　「現在を最もよく生きる」ということは、子どもの「ああしたい、こうしたい（こういうふうに生きたい）」という欲求を、今、もち合わせている力を存分に使ってやり遂げることです。そして、もち合わせの力で、あれやこれやと試み、やれたことの喜びを味わうことです。さらに、できることにくり返し取り組み獲得した力を確かなものにし、自分のすることに自信をもつことです。加えて、今の力では難しいことにも、それをしてみたいと思ってやってみる時間が十分にあることです。傍らには、試したり工夫したりすることを見守ったり、一緒に試行錯誤してくれる保育者がいることです。

　そのような毎日の生活や遊びの体験の蓄積の中で、望ましい未来をつくりだす力の

図1　望ましい未来につながる体験

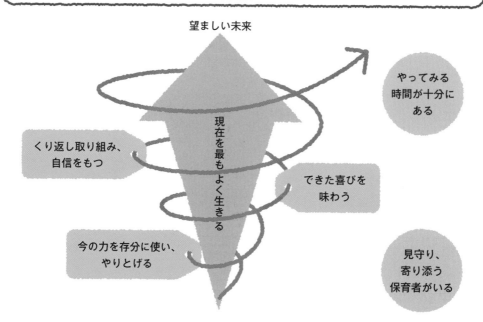

望ましい未来

現在を最もよく生きる

やってみる
時間が十分に
ある

くり返し取り組み、
自信をもつ

できた喜びを
味わう

今の力を存分に使い、
やりとげる

見守り、
寄り添う
保育者がいる

基礎が培われることになります。保育所保育指針や幼保連携型認定こども園教育・保育要領では、未来を作りだす力の基礎として、また、生きる力の小学校教育の基礎として育みたい資質・能力を3つの側面から挙げています。

> （ア）豊かな体験を通じて、感じたり、気付いたり、分かったり、できるようになったりする「知識及び技能の基礎」
> （イ）気付いたことや、できるようになったことなどを使い、考えたり、試したり、工夫したり、表現したりする「思考力、判断力、表現力等の基礎」
> （ウ）心情、意欲、態度が育つ中で、よりよい生活を営もうとする「学びに向かう力、人間性等」

　乳幼児期はこれらの力の基礎を培う時期であるとしています。これらの力の基礎を培うために、毎日の生活や遊びの中で、「感じたり、気づいたり、分かったり、できるようになったりする」そして、「気付いたことや、できるようになったことなどを使い、考えたり、試したり、工夫したり、表現したりする」体験を十分にすることが、重要になります。

　それらの体験を十分にすることを通して子どもの「心情、意欲、態度」が育ってきて、身につけた様々な力を使い、よりよい生活を営もうとする「学びに向かう力」中で、子どもの内面（人間性）も育っていくと考えられます。

図2　乳幼児期に育みたい資質・能力のイメージ

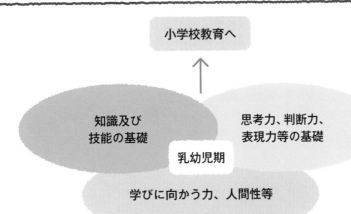

2 2歳児のよりよい生活

　1歳代は、直立歩行を獲得し、手指の動きが洗練され、思うように体が動くことから、「自分でやりたい」という欲求が強くなり、積極的に活動します。保育者は、安全に十分に留意することになります。安全な環境・安心できる環境（保育者との信頼関係の深まり）のもとで、この欲求を充足するには、子どもの身近に、おもしろそうなもの、興味が引かれるもの、子どもの注意を引くものや出来事があることが重要になります。

　そして、おもしろいと思ったことに十分に取組める時間があることです。活動範囲が広がり、興味が引かれるもの、やってみたいことなどが、ますます広がっていきますが、やってみたいことを一人で実現するには、難しいことも多くあります。1歳代に引き続き、生活習慣に関わることに興味をもちます。1歳代は、特に食事に関して、気持ちを受け止められながら保育者の援助のもと、スプーンでの食事ができるようになっていきました。

　2歳代では、排泄や衣類の着脱、清潔へとやりたがる行動が広がっていきます。1歳代に引き続き、できるところは自分で、難しいところは保育者と一緒に取り組むことになりますが、1歳代と違うところは、できることが増えてくるため、もっと強力に「自分でやる」ことを主張（自己主張）します。子どもにはイメージの中で「こうやればこうなる」というある程度の見通しが立つので、そうしようとしますが、うまくできずに時に甘えたり、かんしゃくを起こしたりします。

　それは、自我・自己の育ちの一過程です。子どもの気持ちを受け止め、どうしたら自分の思いが成し遂げられるのかを保育者と一緒に考えて、ことの解決に向かうことになります。子どもの興味は、生活習慣に関することだけではなく、遊びに関わることにも向かいます。1歳代と大きく異なるのは、ものを介して他児との関わりに向かうことです。例えば、ものの取り合い・独占が多く起こります。一方、ものを介して、気持ちが共有される関わりも起きてきます。これらは、やはり自我・自己の育ちの一過程であり、保育者の関わりのもとで、十分に体験したいことです。

　以上のような生活や遊びの中で、子どもは、さらに「感じたり、気づいたり、わかったりできるようになり」、そして、「気づいたことや、できるようになったことなどを使い、考えたり、試したり、工夫したり、表現したりする」2歳代の体験とは、具

体的にどのような体験でしょうか。図3「2歳児期に大切にしたいこと」をもとに具体的に見ていくことにします。

① 2歳時期に大切にしたいこと

図3　2歳時期に大切にしたいこと

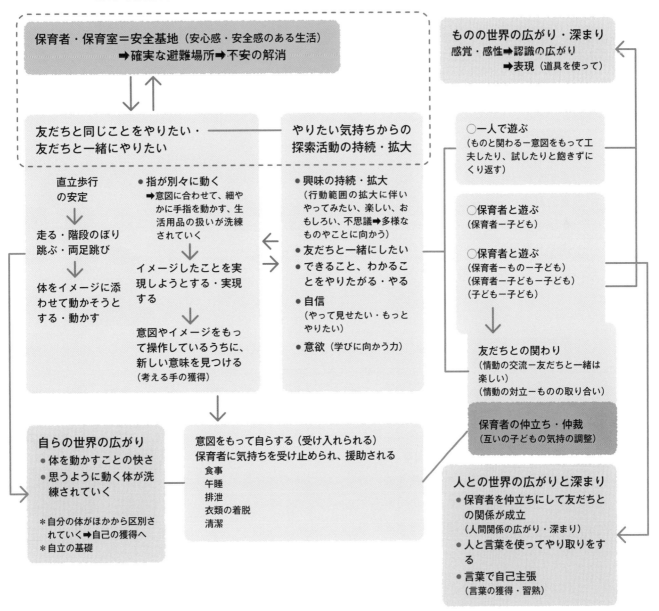

注：図中、点線で囲っている部分は大切にしたいこと（十分に体験してほしいこと）

● 「じぶんでできる」と 主張する

1歳代で、自分でやりたがることを受容され
て、できることが増えて、そして、その先を
見通す力がある程度できてきた2歳児は、自
分のつもりをもって「それをする」と主張し
ます（エピソード1、2、3参照）。

エピソード1 ....

あすかちゃん（2歳5か月）は、玩具棚からペンギンの指人形
を取り出して、指にはめようとしています。ぎこちないので、
そばの保育者が「やってあげる」と手伝おうとすると、「一
人で」と断り、しばらくあれこれ試み、何とか指にはまり、
ぎこちなく操り、遊び始める。

エピソード2 ....

けいくんは、パジャマを着始める。一番下のボタンをはめた
ので、保育者「上手にできたね」と声をかけると「上手にで
きた」とつぶやき、次のボタンに取りかかる。そばで、あや
かちゃん（2歳1か月）が保育者に手伝ってもらい、後から着
始めたのに、パジャマを着終える。けいくんはその様子をち
らっと見て「先生がやったの（やってもらったの）？」と言
って、自分のボタンはめの続きをする。

....

しゅんくん（2歳8か月）たちは、ホールの舞台から保育者に
手をもってもらって、順番に跳び下りる遊びをしている。2、
3回、保育者に手を支えてもらい、跳び下りている。その次
も保育者が手を出すと「できる。じぶんで」と言うので、保
育者は手を引っ込めて見守る。しゅんくんはその場で、2、3
回、足踏みをして、少しして意を決したように跳び下りる。
跳び下りてから、その場で、肩で大きく息を吸う。保育者に
「すごいね。一人でできたね」と言われ、うれしそうに舞台へ
の階段を登っていく。

　以上に見られるように、できると思ったこと、できるようになったことを自分です
ると主張します。そして、自分から言い出したことに、ある程度の見通しをもって何
度もくり返し、できたことに満足します。これらのことが、自分ですることに自信を
もたせ、ますます、自分でしようとするようになります。同じ「やりたがる」でも1
歳代と異なるのは、自信に裏打ちされて、最初はできなくても、できるはずという意
思をもち、くり返し取り組むことです。

　このようにして、「できる」という自信は多くの行動を獲得していくので、ますます、
自分ですることに自信をもつようになります。その取り組みの過程には時間がかかり、
ぎこちなく思わず手伝いたくなりますが、見守ることが大切です。また、子どもが思
う存分に取り組める時間も必要です。

●内面の揺れが受け止められコントロールする
——確実な避難場所としての保育者

　先に述べたように、できることが増えて自信がついてくる一方で、できるはずと思
って取り組んでもできないことも多くあります。また、「ひとりで」と言ったかと思う
と、できることでも「やってほしい」と言い出したりと、複雑な内面をのぞかせるの
も2歳代の特徴です。保育者は、この一見すると矛盾する行動となって現れる子ども
の内面の揺れを受け止め、一緒に考え、行動することを通して方向づけをすることに
なります。

　この具体的なやりとりを通して、内面が豊かになっていきます。保育者に支えられ

た具体的関わりの中で、内面の揺れをコントロールすることを身につけていきます。したがって、子どもの内面の揺れの体験を保育者が先まわりして取り除こうとしたり、禁止したりしないことです。また、安心して内面の揺れを表現することは、この時期の自己表現の体験でもあります。

甘え

　2歳児と生活を共にする保育者からすると頼もしく、1歳代の「できないけれどもやりたがる」行動に根気よくつき合ってきたことが報われたと感じるかもしれません。そんな中で、「できるのにしない」とか、できるのに「やって」と言われると、できるのにやらないのはわがままだととらえてしまう可能性があります。おおよそ2歳代の前半ごろに多く見られる「できるのにやってもらいたい」をどのように考えたらいいのでしょうか。

　できることが多くなり、自分でしようとする気持ちもさらに強くなっていくと同時に、周囲からも「自分でする」ことへの期待が強くなります。その期待に応えようと、自分でしようとすればするほど、大好きな保育者の手（安全基地・確実な避難場所）から離れていくという逆説を生みます。自分の気持ちを受け止めてくれる保育者との関係があっての自発的な活動です。この保育者との関係があやふやになるという不安を解消する行動が「甘え」（エピソード4参照）です。子どもの不安な気持ちをしっかりと受け止めることで、子どもは安心して「自分でする」ことを主張するようになります。2歳代のこの複雑な気持ちの揺れ動きをしっかりと受け止めることが大切です。

エピソード4 ‥‥‥‥‥‥‥‥‥‥‥‥‥‥‥‥‥

今日は久しぶりの天気に恵まれたので、近くの公園まで散歩に行くことになりました。なるみちゃん（2歳4か月）は、大急ぎで自分のロッカーに行き帽子を持って、ほかの子を手伝っている保育者の所に行く。なるみちゃんは様子を少し見ていたが、保育者の目の前に帽子を差し出す。保育者はほかの子を手伝いながら、「なるみちゃん、帽子かぶってね」と言う。なるみちゃんは頭を振って再度、保育者を見上げながら帽子を差し出してじっとしている。保育者が「○△先生（自分の名前）にやってもらいたいんだー。どれどれ」と言ってかぶせてあげると、うれしそうにピョンピョンはねながら「○△

先生にしてもらったの」と言い、まだ帽子をかぶらずに遊んでいる子どもに、帽子をかぶせてあげる。

　以上のように、子どもは甘えを受け止めてもらえると、この時期に、急激に獲得した力を使って、やりたいことが膨らんでいきます。保育者は1歳代に引き続き、一人ひとりの子どもの安全基地であり確実な避難場所となります。

かんしゃく

　2歳代は、日常にくり返されていることに関しては、ある程度先の見通しがもてるようになります。はたから見て無理そうなことでも、「こうやればできる」と、もち合わせの力を全部使って、あれこれと試みます。試みがうまくいったり、いかなかったりをくり返しながら、できるようになっていく過程を考えると、この時期の「こうやればこうなる」と見通しをもって取り組む活動は大切にしたいことです。

　エピソード5をもとに、大切にしたい理由を考えてみます。こうたろうくんは、ボタンをボタンホールに通すとはまる（こうすればこうなる）ということはわかっていて、取り組みます。しかし、手指が思うように動かず、自分なりのつもりが混乱（こんなはずじゃない）しますが、なおもはめようとします。自分ではできるはず、あるいは自分でやり遂げたいと思っているので、保育者の援助も拒否します。できるはずと思ってやればやるほどうまくいかず、できるはずという気持ちがいき場を失って、爆発（大泣き）します。これは、この年齢の「今を超える苦しみ・できる活動を生み出す苦しみ」の体験と言えます。できるはずなのにできないという葛藤体験が、子どもの内面を育てていきます。

エピソード5

こうたろうくん（2歳6か月）は、パジャマのボタンをはめようとしている。うまくいかないので保育者が手伝おうとすると「じぶんで」と言い、泣きながらがんばるがうまくはまらない。見かねて保育者が手を出そうとすると「いや！」と強く拒否する。手は忙しく動くが、穴からボタンがずれてはまらずとうとう大泣きをする。保育者が「やってあげようか」と声をかけるが、いやいやと頭を振って泣いている。保育者が、そばでその手を握って少しして「今日はがんばった

から、ボタンなしで寝ようか」と言うと、泣きながらも「やって」という。保育者が「落ち着いて、穴ぼこを見て、ここにボタンを入れて」と、ゆっくりいいながらボタンをはめていくのを見ている。

　さらに、子どもの主体性を尊重するという視点から、エピソード5を考えてみます。こうたろうくんの「こうやればこうなる（少し先の見通しをもって行動する）」という気持ちは尊重され、はたから見ると、難しそうなことも取り組むことが受容されています。この行動をしている時に、保育者が、こうたろうくんの難しそうなところを手伝おうとして働きかけます（保育者のこうたろうくんの発達過程を考慮した対応）。また、大泣きをした時に、こうたろうくんの気持ちに添おうとして、難しかったけれどがんばったこと、保育者にボタンをはめてほしくない気持ちを受け入れています。このようなやりとりの中で、こうたろうくんは保育者からの働きかけを受け止めます。保育者は、このような時にはどうすればいいのかを、ゆっくりとボタンをはめながら、言葉にしていきます。

　このように思うようにいかなかった時、保育者にいき場のない気持ちを受け止めてもらいながら、そこを切り抜けていく方法（ボタンのはめ方）を獲得していきます。

　まだ「できないのだから・無理だから」とやりたい気持ちを抑えるのではなく、子どもが、一人では支えきれないやりたいことを、どうやってできるようになるのかと、一緒にあれこれ行動を共にしながら考えていくことになります。エピソード1から3の子どもたちの姿は、多かれ少なかれ、思うようにいかない活動をその気持ちの揺れ動きまで受容され、保育者と一緒に体験することの延長線上に現れてきた姿です。

　やってあげること（子どもの気持ちを考えないで、大人の都合で）、やりたいことをやらせっぱなしにすること（放任）、また、やっぱりできなかったでしょうと叱る（自尊心を傷つける）ことが多いということは、子どもの主体性を尊重した保育とは遠いところにある保育です。

● 友だちと遊ぶ（保育者の仲立ち）

楽しさの共有

　1歳代の後半あたりから、ほかの子に興味が引かれ、そばに寄っていってものを渡したり、ニコニコして、していることに手を出したりするなど、友だちの持っているも

のやすること、あるいはその子自身に関心を示すことが多くなります。保育者は、子ども同士をつなぎ合わせる関わりを意識します（エピソード7参照）。エピソード7は、子どものちょっとした行動をきっかけとして、それを楽しい遊びに替えていきます。

　このような遊びはいつでも成立するとは限りません。保育者は瞬時に、この場の雰囲気を読み取り（じゅんちゃんの表情や内面の動きに呼応するように）遊びを展開していきます。周囲の子どもたちも、保育者の楽しく遊びたいという内面の動きに共鳴するように遊びに巻き込まれていきます。保育者とじゅんちゃんの間のごみのくっつけ合いであり、それをみてほかの子も自分も保育者と同じことをして喜ぶという、保育者と一人ひとりの子どものやりとりがくり返されるという平行遊びのようなものです。しかし、くっつけ合うという同じことをするという楽しさは共有されています。

エピソード6

散歩中、こうくん（2歳10か月）とひろしくん（2歳9か月）は手をつないで並んで歩いている。こうくんがクシャミともつかない咳をすると、隣りのひろしくんも同じようにまねて咳をして2人で笑い合う。すると今度は、こうくんがわざと咳をして笑うと、ひろしくんもまたまねて咳をし合って笑う。

エピソード7

じゅんちゃん（2歳8か月）がじゅうたんの上の小さなゴミを拾い、ニコニコしながら保育者の足につける。保育者がわざと大げさに「わーっ」と言って隣のなおくん（2歳10か月）に、そのゴミをつけると、なおくんもニコニコして保育者につけ返す。保育者はまた「わーっ」と言ってこんどは反対隣りのかおりちゃん（2歳4か月）につけると、かおりちゃんもニコニコして保育者につけ返す。そのやりとりを見ていたしゅうくん（3歳1か月）が「ボクも」と催促するので同じようにしてつけるとニコニコして保育者につけ戻す。そのうちに「かなちゃんも」「けいちゃんも」「ぼくも」と楽しさの渦が広がる。

このエピソードに見られるように、保育者から子どもたちに働きかけて、楽しさを広げていくことをすると、保育者の助けを必要としながらも、子どもたち主導の遊びが展開します。

エピソード8

散歩に出かける準備をしている。ひかるくん（2歳8か月）がクチャクチャの帽子をことみちゃん（2歳10か月）に渡しながら、「ね、ね、帽子やって」と言う。ことみちゃんはそれをニコニコして受け取りかぶせてあげる。ひかるくんはうれしそうに振り向いて保育者に「ことみちゃんにしてもらったの」と言う。保育者が「よかったね」と答えると、みんなが集まるのを2人で手をつないで並んで待つ。

　エピソード7のような、子どもの気持ちや場の雰囲気などを考えて、楽しい気持ちが通じ合うような遊びにしたいと、保育者は働きかけます。また、それを見たり参加したりする体験を重ねていったのち、あるいは、それと並行してエピソード6や8のような姿が見られるようになります。

　エピソード6は、おもしろい咳につられて、まねをして笑い合うことから、今度は、まねされることを期待しておもしろい咳をわざとして（おもしろさをつくり出す）まねされる、というやりとりを楽しんでいます。ここでは、こうくんが積極的に周囲（ひろしくん）に働きかけをすると、周囲（ひろしくん）が応えてくれ、それにおもしろさが伴い、共有される体験となります。ひろしくんは、自分の感じたおもしろさ（こうくんの咳）への反応が、こうくん（他者）のおもしろさの発見を引き起こし、そのおもしろさを共有する体験となります。この2人の体験は、日常の生活や遊びの中で、一方が常に他方に働きかけるのではなく、働きかけたり働きかけられたりの双方の体験をしていると思われます。それは、人との関わりの原型（人と一緒にいることの、人とやりとりすることの快さ）となる枠組みの獲得への体験となります。子ども同士でやりとりする心地よさを十分に保障したいものです。

　こうして、友だちと楽しさの共有の体験を重ねてくると、エピソード8のような子どもの姿が見られるようになります。自分（帽子をかぶること）を他者（ことみちゃんにしてもらう）にゆだねる、つまり、他者（ことみちゃん）を信頼するようになります。そして、自分（ひかるくん）の信頼に応えてくれたこと（ことみちゃんがして

くれた）を喜びます。このような体験の積み重ねの先に、互いに、仲よしの子ども（子ども同士が互いに信頼し合うという基本的信頼感を得る）が誕生していくのではないかと考えます。2歳代は、自らを受け止め配慮してくれる人（保育者・大人）ではない、対等な人同士の関係を形成することを、最も原初的なところで体験していると考えます。

対立

　ほかの子に興味をもちだし、ほかの子と喜びを共有し、その関わりが深まっていくことを多く体験しますが、対立や取り合いも激しいのがこの時期の特徴です。つまり、対等なほかの子は、一緒にいると楽しい他者ですが、自分の存在を脅かす他者でもあるということです。

　生活や遊びの体験の中で、1歳代の後半あたりから所有意識が芽生えてきます。遊び込んだ、あるいは使い込んだものは、自分の楽しさの体験と結びついて、ただのものではなくなります。楽しいもの（好きなもの）、こと（好きなこと）になっています。簡単に手放したりしません。また、所有意識はほしいものはほしいと、友だちが使っていることなど意識にのぼらず、一直線にほしいものに向かっていきます。また、ほかの子が使っているものが気になりそこに向かうので、トラブルが起きることが多くなります（エピソード9参照）。

エピソード9

砂場、なおとくん（2歳7か月）がクマデで砂を掘っているところへ、てるくん（2歳4か月）が来て、力づくで取ろうとする。驚いたなおとくんは慌ててクマデを体の後に隠す。てるくんはなおとくんを押しのけてなおも取ろうとする。そばにいた保育者が「てるくんもクマデ使いたい？　でも今は、なおとくんが使ってるよ。貸してって言ってみたら」と言うと、てるくんが「かして」というが、なおとくんは即座に「イヤ」と言う。てるくんは地団駄を踏んで大泣きをする。保育者が、「やっぱり、なおとくん、まだ使いたいんだって、終わったら貸してもらおうよ、ほら、ここにもクマデがあるから、これで一緒に遊ぼう」と言って、なおとくんと同じようにその横で穴を掘りだすと、そばでてるくんは泣きながらしばらく見

ていた。少ししてクマデをてるくんに渡すと保育者と一緒に
遊び出す。（中略）しばらくして、ほかの場所にいる保育者
のところになおとくんが来て、「貸してあげた」と保育者の
背中から顔を覗き込んで言う。保育者が「てるくん、喜んで
たでしょ」と応えるとニコニコする。

　2歳代のものの取り合いは、それをしたい、あるいはそれがほしいという欲求が強
ければ強いほど、実力行使での対立が激しくなります。保育者はこの現象に目を奪わ
れて、取り合いをしないようにと、取り合いやすいものを片づけてしまうことのない
ようにしたいものです。取り合いの体験は、自分の思うようにいかない他者（他児）
との出会いです。この取り合いに保育者が関わることで自他の区別（自己の獲得）の
体験となります。
　保育者の関わりは「黙って取ってはだめ」「今、使ってるでしょ」「順番よ」「みん
なのだから」などと関わり方をストレートに伝えることではなく、それを使いたいと
いう互いの子どもの気持ちを受け止めることが重要になります。気持ちを受け止めて
もらうことで、保育者の次の働きかけに応答しようとします。保育者が子どもの気持
ちを言葉で代弁する関わりを通して、子どもは自分ではない他者の気持ちに気づいて
いくことになります。

　エピソード9の保育者の対応からわかるように、互いの意見が違うこともあります
が、違った時に、何を大切にし、どのようにその場面を解決していくのかという、互
いを主体として尊重した生活の在り方を実践しています。しかし、ルール（貸してっ
て言うのよ）を言葉だけで伝えるのではなく、子どもの実感を伴った体験（相手の気
持ちを理解し、しっかりと気持ちをコントロールして）を経てとなると、そのような
態度は、これからも時間をかけて培われていくものです。
　2歳代においては、エピソード9のような緊急の場面においても、互いの子どもの
「今・ここで揺れ動いている気持ち」にまとまりをもたせるような対応をすることが
重要です。どちらかの子どもの行動を裁いたり、仲よく遊んでほしいという思いから
だとしても、場の対処の仕方を伝えることを急がないことが重要です。

● 言葉の習得（伝え合う）
　周囲のものには名前があることに気づいた2歳前後の子どもは、次々と周囲のものの

名前を覚えていきます。そして、単語と単語を組み合わせて二語文、多語文を話すようになります。さらに、助詞や接続詞を使って、語句と語句だけではなく、文と文の間の関連も生まれ、一まとまりの考えを表せるようにもなります。

　例えば、「おしっこしてから、ねるの」「からいから、おみずのむ」などのようになります。また、体験したことを伝えたくて、多少、文章としては未熟な部分を残しながらも、今日体験した印象深く残っていることを、自分なりに再構成した言葉で伝えたりします（エピソード10参照）。

エピソード10

少し天候が怪しかったが、近くの里山に出かけた時のこと。山に着いたところで雨が降ってきたので、大急ぎで園に戻ってくる。昼食時間に保育者とみんなで、雨がザーザーふってきて大変だったとか、お弁当を山で食べられなくて残念だったとか、今度は、晴れた日に行こうとか話をしながら食べた。夕方、迎えに来た母親をさとるくん（2歳8か月）が見つけて、大急ぎで駆け寄り「おやまについたら、あめがザーザーふってきて、いっぱいふってきたから、ほいくえんにかえって、おべんとうたべようとしてかえってきたの」と、息せき切って伝える。

　子どもが、今、聞き・知っている言葉を、自分の生活や遊びの中で、心動かされたことや必要感から、どこまで意味をもたせて使うことができるかが大切です。自分の生活や遊びを豊かに展開するために、どれだけ、感じたり気づいたり考えたことを伝えようとしているか、また、使いこなせるかが大切なことであり、どれだけたくさん言葉・単語を知っているかではないということです。

　以上のように見ると、2歳代の生活や遊びを通して、日本語としての文法的な型を感覚的に、習得することになります。この育ちの背景には、子どもの生活や遊びの場面で、適宜、子どもに理解できるような、やさしく美しい日本の言葉を添えた関わりがあります。この時期に、日本語のもつリズムやひびき、正しい発音や美しい言いまわしを体得していると考えると、絵本や歌など、どのような教材を選ぶかも大切になります。

② 保育所保育指針、幼保連携型認定こども園教育・保育要領で確認する
──おおよそこの時期のねらい、内容、内容の取扱い（教育的側面）から

これまでに述べた、この時期に大切にしたい体験について、表1「保育所保育指針　第1章2（2）養護に関わるねらい及び内容」、表2「保育所保育指針　第2章2　1歳以上3歳未満児の保育に関わるねらい及び内容」を参照してください。

そこに示されているねらいや内容は1、2歳児の全体の生活や遊びを通して達成に向かうものであるので、1歳代と2歳代では、具体的に描き出される姿が異なります。2歳代は、2歳児の発達の姿からのねらいや内容になります。

2歳代の子どもの発達特徴は、1歳代と同様「自分でやりたがる」ことですが、2歳代においては、1歳代の体験を通してできることが多くなってきていることから、自分ですることに自信をもっているので、「自分でする（自立への意思）」という姿があります。

自分でしたい・自分でやることをめぐる行動は1歳代と同じく自分の身近な人やもの、できごとに向かいます。しかし、周囲のものやことに対する認識の深まりや、他児への興味・関心が強くなることなどから展開される生活や遊びはより複雑さを増してきます。この複雑に展開される生活を通して、自我・自己が獲得されていきます。

表1　養護に関わるねらい及び内容

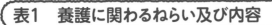

	ねらい	内容
生命の保持	①一人一人の子どもが、**快適に生活できる**ようにする。 ②一人一人の子どもが、健康で安全に過ごせるようにする。 ③一人一人の子どもの**生理的欲求が、十分に満たされる**ようにする。 ④一人一人の子どもの健康増進が、積極的に図られるようにする。	①一人一人の子どもの平常の健康状態や発育及び発達状態を的確に把握し、異常を感じる場合は、速やかに適切に対応する。 ②家庭との連携を密にし、嘱託医等との連携を図りながら、子どもの疾病や事故防止に関する認識を深め、保健的で安全な保育環境の維持及び向上に努める。 ③**清潔で安全な環境を整え、適切な援助や応答的な関わりを通して子どもの生理的欲求を満たして**いく。また、家庭と協力しながら、子どもの発達過程等に応じた適切な生活のリズムがつくられていくようにする。 ④子どもの発達過程等に応じて、適度な運動と休息を取ることができるようにする。また、食事、排泄、衣類の着脱、身の回りを清潔にすることなどについて、子どもが意欲的に生活できるよう適切に援助する。
情緒の安定	①一人一人の子どもが、**安定感をもって過ごせる**ようにする。 ②一人一人の子どもが、自分の気持ちを安心して表すことができるようにする。 ③一人一人の子どもが、周囲から主体として受け止められ、主体として育ち、自分を肯定する気持ちが育まれていくようにする。 ④一人一人の子どもがくつろいで共に過ごし、心身の疲れが癒されるようにする。	①一人一人の子どもの置かれている状態や発達過程などを的確に把握し、子どもの欲求を適切に満たしながら、応答的な触れ合いや言葉がけを行う。 ②一人一人の子どもの気持ちを受容し、共感しながら、子どもとの継続的な信頼関係を築いていく。 ③保育士等との信頼関係を基盤に、一人一人の子どもが主体的に活動し、自発性や探索意欲などを高めるとともに、自分への自信をもつことができるよう成長の過程を見守り、適切に働きかける。 ④一人一人の子どもの生活のリズム、発達過程、保育時間などに応じて、活動内容のバランスや調和を図りながら、適切な食事や休息が取れるようにする。

表2　1歳以上3歳未満児の保育に関わるねらい及び内容

	健康	人間関係	環境	言葉	表現
	健康な心と体を育て、自ら健康で安全な生活をつくり出す力を養う。	他の人々と親しみ、支え合って生活するために、自立心を育て、人と関わる力を養う。	周囲の様々な環境に好奇心や探究心をもって関わり、それらを生活に取り入れていこうとする力を養う。	経験したことや考えたことなどを自分なりの言葉で表現し、相手の話す言葉を聞こうとする意欲や態度を育て、言葉に対する感覚や言葉で表現する力を養う。	感じたことや考えたことを自分なりに表現することを通して、豊かな感性や表現する力を養い、創造性を豊かにする。
ねらい	①明るく伸び伸びと生活し、自分から体を動かすことを楽しむ。 ②自分の体を十分に動かし、様々な動きをしようとする。 ③健康、安全な生活に必要な習慣に気付き、自分でしてみようとする気持ちが育つ。	①保育所での生活を楽しみ、身近な人と関わる心地よさを感じる。 ②周囲の子ども等への興味や関心が高まり、関わりをもとうとする。 ③保育所の生活の仕方に慣れ、きまりの大切さに気付く。	①身近な環境に親しみ、触れ合う中で、様々なものに興味や関心をもつ。 ②様々なものに関わる中で、発見を楽しんだり、考えたりしようとする。 ③見る、聞く、触るなどの経験を通して、感覚の働きを豊かにする。	①言葉遊びや言葉で表現する楽しさを感じる。 ②人の言葉や話などを聞き、自分でも思ったことを伝えようとする。 ③絵本や物語等に親しむとともに、言葉のやり取りを通じて身近な人と気持ちを通わせる。	①身体の諸感覚の経験を豊かにし、様々な感覚を味わう。 ②感じたことや考えたことなどを自分なりに表現しようとする。 ③生活や遊びの様々な体験を通して、イメージや感性が豊かになる。
内容	①保育士等の愛情豊かな受容の下で、安定感をもって生活をする。 ②食事や午睡、遊びと休息など、保育所における生活のリズムが形成される。 ③走る、跳ぶ、登る、押す、引っ張るなど全身を使う遊びを楽しむ。 ④様々な食品や調理形態に慣れ、ゆったりとした雰囲気の中で食事や間食を楽しむ。 ⑤身の回りを清潔に保つ心地よさを感じ、その習慣が少しずつ身に付く。 ⑥保育士等の助けを借りながら、衣類の着脱を自分でしようとする。 ⑦便器での排泄に慣れ、自分で排泄ができるようになる。	①保育士等や周囲の子ども等との安定した関係の中で、共に過ごす心地よさを感じる。 ②保育士等の受容的・応答的な関わりの中で、欲求を適切に満たし、安定感をもって過ごす。 ③身の回りに様々な人がいることに気付き、徐々に他の子どもと関わりをもって遊ぶ。 ④保育士等の仲立ちにより、他の子どもとの関わり方を少しずつ身につける。 ⑤保育所の生活の仕方に慣れ、きまりがあることや、その大切さに気付く。 ⑥生活や遊びの中で、年長児や保育士等の真似をしたり、ごっこ遊びを楽しんだりする。	①安全で活動しやすい環境での探索活動等を通して、見る、聞く、触れる、嗅ぐ、味わうなどの感覚の働きを豊かにする。 ②玩具、絵本、遊具などに興味をもち、それらを使った遊びを楽しむ。 ③身の回りの物に触れる中で、形、色、大きさ、量などの物の性質や仕組みに気付く。 ④自分の物と人の物の区別や、場所的感覚など、環境を捉える感覚が育つ。 ⑤身近な生き物に気付き、親しみをもつ。 ⑥近隣の生活や季節の行事などに興味や関心をもつ。	①保育士等の応答的な関わりや話しかけにより、自ら言葉を使おうとする。 ②生活に必要な簡単な言葉に気付き、聞き分ける。 ③親しみをもって日常の挨拶に応じる。 ④絵本や紙芝居を楽しみ、簡単な言葉を繰り返したり、模倣をしたりして遊ぶ。 ⑤保育士等とごっこ遊びをする中で、言葉のやり取りを楽しむ。 ⑥保育士等を仲立ちとして、生活や遊びの中で友達との言葉のやり取りを楽しむ。 ⑦保育士等や友達の言葉や話に興味や関心をもって、聞いたり、話したりする。	①水、砂、土、紙、粘土など様々な素材に触れて楽しむ。 ②音楽、リズムやそれに合わせた体の動きを楽しむ。 ③生活の中で様々な音、形、色、手触り、動き、味、香りなどに気付いたり、感じたりして楽しむ。 ④歌を歌ったり、簡単な手遊びや全身を使う遊びを楽しんだりする。 ⑤保育士等からの話や、生活や遊びの中での出来事を通して、イメージを豊かにする。 ⑥生活や遊びの中で、興味のあることや経験したことなどを自分なりに表現する。

この時期の生活や遊びにおける子どものやりたがること・やること、子ども同士の関わりを中心に整理したものが図4です。

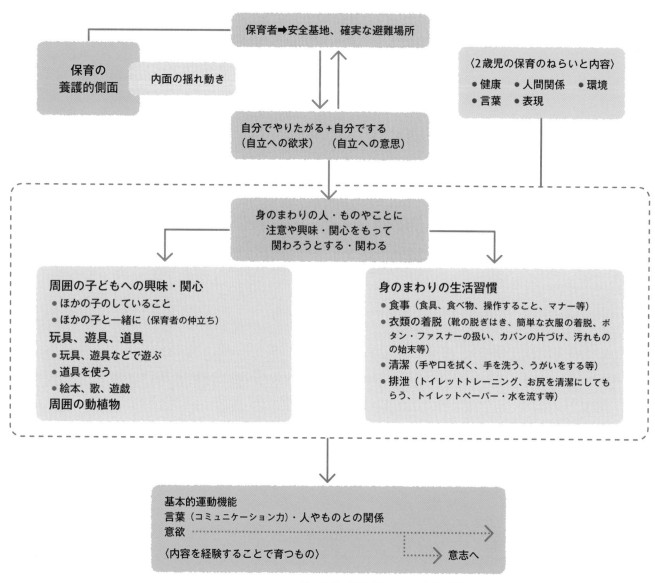

図4　2歳児の発達の姿と保育の内容

保育者➡安全基地、確実な避難場所

保育の養護的側面　　内面の揺れ動き

〈2歳児の保育のねらいと内容〉
●健康　●人間関係　●環境
●言葉　●表現

自分でやりたがる＋自分でする
（自立への欲求）　（自立への意思）

身のまわりの人・ものやことに
注意や興味・関心をもって
関わろうとする・関わる

周囲の子どもへの興味・関心
●ほかの子のしていること
●ほかの子と一緒に（保育者の仲立ち）
玩具、遊具、道具
●玩具、遊具などで遊ぶ
●道具を使う
●絵本、歌、遊戯
周囲の動植物

身のまわりの生活習慣
●食事（食具、食べ物、操作すること、マナー等）
●衣類の着脱（靴の脱ぎはき、簡単な衣服の着脱、ボタン・ファスナーの扱い、カバンの片づけ、汚れものの始末等）
●清潔（手や口を拭く、手を洗う、うがいをする等）
●排泄（トイレットトレーニング、お尻を清潔にしてもらう、トイレットペーパー・水を流す等）

基本的運動機能
言葉（コミュニケーション力）・人やものとの関係
意欲
〈内容を経験することで育つもの〉　　　　➡意志へ

注：図中、点線で囲っている部分は大切にしたいこと（十分に体験してほしいこと）

以上のような発達過程にある子どもの保育のねらいや内容を「子ども同士の関わり」の体験から「他の人々と親しみ、支え合って生活するために、自立心を育て、人と関わる力を養う」ことを通して、2歳代で大切にしたいことを保育指針で確認します。

子ども同士の関わりの体験は、直接には、人との関わりに関する領域「人間関係」であり、その関わりを豊かにするということで関連するのが、言葉の獲得に関する領域「言葉」です。ほかの領域とも関連し合っていますが、ここでは「人間関係」「言葉」を中心に見ていきます。それらの部分を保育指針から抜きだすと表3のようになります。

表3　子ども同士の関わりの育ちに関連するねらいと内容

領域	人間関係	言葉
めざす方向	「他の人々と親しみ、支え合って生活するために、自立心を育て、人と関わる力を養う」	「経験したことや考えたことなどを自分なりの言葉で表現し、**相手の話す言葉を聞こうとする**意欲や態度を育て、言葉に対する感覚や言葉で表現する力を養う」
ねらい	②周囲の子ども等への興味や関心が高まり、関わりをもとうとする。	②人の言葉や話などを聞き、自分でも思ったことを伝えようとする。 ③絵本や物語等に親しむとともに、言葉のやり取りを通じて身近な人と気持ちを通わせる。
内容	③身の回りに様々な人がいることに気付き、**徐々に他の子どもと関わりを**もって遊ぶ。 ④保育士等の仲立ちにより、**他の子どもとの関わり方を少しずつ身につける**。 ⑥生活や遊びの中で、**年長児や保育士等の真似をしたり、ごっこ遊びを楽**しんだりする。	①保育士等の**応答的な関わり**や話しかけにより、自ら言葉を使おうとする。 ④絵本や紙芝居を楽しみ、簡単な言葉を繰り返したり、**模倣をしたりして**遊ぶ。 ⑤保育士等とごっこ遊びをする中で、**言葉のやり取りを楽しむ**。 ⑥保育士等を仲立ちとして、生活や遊びの中で**友達との言葉のやり取りを**楽しむ。

「人間関係」の中で育てたいことは、「共に生きる（共同性）」うえで必要な力と、「自分自身を生きる（個別性）」うえで必要な力です。そのために、2歳代では「周囲の子ども等への興味や関心が高まり、関わりをもとうとする」というねらいを立てています。そのねらいを達成するために子どもに体験してほしい内容として、表3の「人間関係」に示した内容③④⑥です。人との関係の中で、最も重要と考えられる「他者と親しむ（信頼する）」ことにおいて、2歳児の保育で大切にしたいことは友だちと一緒にすることが楽しいということ、その楽しさを共有する体験です（エピソード6、7、8参照）。

それには保育者の仲立ちが必要です。子どもたちの興味・関心に沿って、保育者は一緒に遊びながら、子どもたちが楽しめる少し先を見通した遊びへ発展させていくことを喜びとすることです。自分だけが楽しいのではなく、子どもが楽しい・保育者も楽しい遊びを展開することです。そこには、楽しさを表現する言葉があります。先を

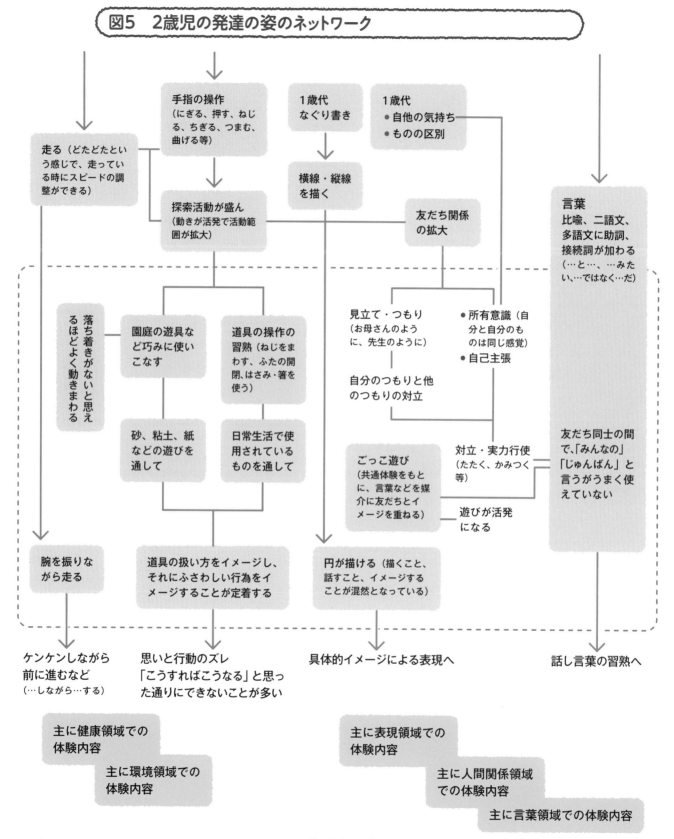

図5　2歳児の発達の姿のネットワーク

手指の操作（にぎる、押す、ねじる、ちぎる、つまむ、曲げる等）

1歳代　なぐり書き

1歳代
● 自他の気持ち
● ものの区別

走る（どたどたという感じで、走っている時にスピードの調整ができる）

探索活動が盛ん（動きが活発で活動範囲が拡大）

横線・縦線を描く

友だち関係の拡大

言葉
比喩、二語文、多語文に助詞、接続詞が加わる（…と…、…みたい、…ではなく…だ）

落ち着きがないと思えるほどよく動きまわる

園庭の遊具など巧みに使いこなす

道具の操作の習熟（ねじをまわす、ふたの開閉、はさみ・箸を使う）

見立て・つもり（お母さんのように、先生のように）

● 所有意識（自分と自分のものは同じ感覚）
● 自己主張

砂、粘土、紙などの遊びを通して

日常生活で使用されているものを通して

自分のつもりと他のつもりの対立

友だち同士の間で、「みんなの」「じゅんばん」と言うがうまく使えていない

ごっこ遊び（共通体験をもとに、言葉などを媒介に友だちとイメージを重ねる）

対立・実力行使（たたく、かみつく等）

遊びが活発になる

腕を振りながら走る

道具の扱い方をイメージし、それにふさわしい行為をイメージすることが定着する

円が描ける（描くこと、話すこと、イメージすることが混然となっている）

ケンケンしながら前に進むなど（…しながら…する）

思いと行動のズレ「こうすればこうなる」と思った通りにできないことが多い

具体的イメージによる表現へ

話し言葉の習熟へ

主に健康領域での体験内容

主に環境領域での体験内容

主に表現領域での体験内容

主に人間関係領域での体験内容

主に言葉領域での体験内容

注：図中、点線で囲っている部分は大切にしたいこと（十分に体験してほしいこと）

見通したわかりやすい言葉があります。今、楽しんでいることに適切な言葉が添えられます。このような関わりの中で、子どもは自らの欲求を言葉で伝えようとします。

　さらに、保育者の模倣をしたりして、保育者やほかの子と言葉のやりとりが成立し、そのやりとりを楽しむようになります。言うまでもないことですが、保育者との信頼関係が成立している（安全基地、確実な避難場所--子どもの安心感）ことが前提にあるのは0歳代、1歳代と同じです。人との関係の中で、「他者とともに生きる（共同性）」ことを支えるのは、他者の存在を肯定することだと考えると、2歳代はまさに、その出発点の体験をしているということです。

　一方、人は他者との関係の中で、「自分自身を豊かに生きる（個別性）」ために、他者と支えあって生きる力を獲得することになります。互いに主体として尊重し合う関係を形成するために、2歳代では「揺れ動く内面をもったほかとは異なる自己（私）」へつながる体験を十分にすることです。表3の「人間関係」の内容③④にあるような、「まわりに様々な人がいることに気づく」「保育者の仲立ちによりほかの子どもとの関わり方を少しずつ身につける」などです。具体的には、2歳代で大切にしたいこととして述べた対立（エピソード9参照）の体験です。エピソード9の保育者のように、他者の内面に気づくような互いの内面の揺れ動き受け止め、それを代弁する、そして、どうすれば互いの欲求が満足するかの方法を伝えます。それで、気持ちが治まらない時は、そばに寄り添い、気持ちを治める（情動のコントロール）ことを手伝います。ここでも、子どもに理解できる範囲の言葉が添えられます。

　このような関わりの中で、子どもは自分の気持ちを言葉で言い表そうとします。気持ちが治まらなくて、ぐずぐずしている時に「口で言って」とか「だまっていたらわからない」と迫ると、不安や怖さからますます気持ちを言葉にすることは難しくなるとともに、子ども同士の関係も育ちません。

　2歳代は、子ども同士の関係が育ってくる時期ですが、大切にしたいことは「楽しさの共有」「欲求（ものの取り合いなど）の対立」を、保育者の仲立ち（共感的に受け止められ、一緒に行動する）のもとで十分に体験することです。

　ここでは、領域の「人間関係」と「言葉」を中心に、子ども同士の関わりにおいて、2歳代で体験しておきたいことを述べました。この2つの領域とほかの3つの領域がどのように関わり合って発達するのかについては、図5「2歳児の発達の姿のネットワーク」に整理しました。当然、自分の欲求をかなえるうえでの身体の発達（健康）、子ども同士の関わりを豊かにする認識の発達（環境）、互いの関わりを豊かにしたり、自分自身の内面を豊かにするイメージの発達（表現）が複雑に絡まり合っていることを理解しておきましょう。

第2章

2歳児の
指導計画

年間指導計画

- 保健的で安全な環境をつくり、一人ひとりの欲求を十分に満たし、生命の保持と情緒の安定を図る。
- 基本的な生活習慣の自立をめざし、身のまわりのことを自分でしようとする。

- 保育者や友だちと関わり、様々な遊びを楽しむ。
- 日々の園生活の中で探索意欲を高め、興味・関心を広げる。
- 生活や遊びを通して、言葉のやりとりや表現する楽しさを味わう。

	1期（4月〜6月）〜先生大好き〜	2期（7月〜9月）〜存分に遊び、自分発見〜
ね ら い	• 保育者の見守りの中で新しい環境に慣れ、安心して生活できるようにする。 • 保育者に手伝ってもらい、簡単な身のまわりのことを自分でやってみようとする。 • 保育者に見守られ、自分の好きな遊びを十分に楽しむ。 • 春の自然の中でのびのびと体を動かして遊びを楽しむ。	• 適切に休息をとりながら、梅雨時季や暑い時期を健康で快適に過ごせるようにする。 • 保育者に見守られ、身のまわりのことを自分でしようとする。 • 夏の遊びを十分に楽しみ、開放感を味わう。 • 様々な運動遊びを楽しみ、様々なことやものに興味をもち遊ぶ。
内 容 — **養護**	• 保健的で安全な環境の中で、快適に過ごせるようにする。 • 一人ひとりの不安を受け止め、安心して過ごせるようにする。 • 生活リズムや健康状態を把握し、水分や休息をとれるようにする。 • 一人ひとりの思いや気持ちを受け止め、自己主張できるようにする。	• 一人ひとりの生活リズムや健康状態を把握し、水分や休息をとれるようにする。 • 暑さ及び紫外線対策を十分にし、木陰などで外気に触れるようにする。 • 一人ひとりの思いや気持ちを受け止め、自己主張できるようにする。
教育（健康・人間関係・環境・言葉・表現）	• 家庭的であたたかい雰囲気の中で、安心して過ごす。 • 食事やおやつをみんなと一緒に食べる楽しさを味わう。 • スプーンやフォーク、はしを使って自分で食べようとする。 • 保育者に誘われて、トイレに行き、排泄しようとする。 • 生活の流れがわかり、簡単な身のまわりのことを保育者と一緒にしようとする。 • 簡単な着脱などに興味をもち、保育者と一緒にしようとする。	• 必要に応じて休息や水分をとり、心地よく過ごす。 • 食べることを楽しみに待ち、楽しい雰囲気で、スプーンやフォーク、はしを使って自分で食べようとする。 • 尿意や便意を伝え、保育者と一緒にトイレで排泄しようとする。 • 簡単な身のまわりのことや衣服の着脱など、できないところは保育者に手伝われて自分で行う。 • 友だちの遊びに興味をもち、同じことをしようとする。 • 保育者や友だちとごっこ遊びや見立て遊びを楽しむ。

家庭との連携

- 家庭とともに生活の中で手洗いやうがいなどの習慣を身につくように連携し、感染症の予防に努める。
- 一人ひとりの心身の発育・発達状態を伝え合い、子どもの育ちに応じた関わりを確認し合う。
- 保護者との信頼関係ができるように、園での子どもの様子を伝える、家庭での姿を聞くなど、連絡帳や送迎時の関わりを大切にする。

- 自我の育ちは保護者にとっては戸惑うことが多くなることから、保護者の気持ちに寄り添い子ども理解を伝え合う。
- 排泄や衣服の着脱などでは子どものやる気を大切にすること、うまくいかないことも成長のステップととらえることを園と家庭で共有し、関わりに一貫性をもたせる。

3期（10月〜12月）〜表現遊び楽しいな〜

- 季節の変化や気温差に留意し、生活環境を整え、体調管理を行い、快適に生活できるようにする。
- 簡単な身のまわりのことを自分でしようとする。
- 十分体を動かして遊ぶことを楽しむ。
- 保育者や友だちと一緒に、模倣や表現遊びを楽しむ。
- 秋の自然に触れ、関心をもつ。

- 感染症予防のため保健衛生に留意し、健康に過ごせるようにする。
- 存分に体を動かすことと休息のバランスをとり、メリハリのある生活をする。
- 一人ひとりの気持ちをしっかり受け止め見守ることで、自己主張できるようにする。

- 季節の変化に応じて快適に過ごす。
- 楽しく食事をし、様々な食品を食べようとする。
- スプーンやフォーク、はしを使って自分で食べようとする。
- 尿意や便意を感じ、自分からパンツやズボンを下げ、トイレに行き排泄しようとする。
- 身のまわりのことを少しずつ自分でしようとする。
- 簡単な衣類の着脱を自分でしようとする。
- 全身を使って走る、跳ぶ、のぼる、引っ張るなどの遊びを楽しむ。

4期（1月〜3月）〜友だち大好き〜

- 感染予防や健康管理に留意し、快適に生活できるようにする。
- 身のまわりのことをする喜びを感じる。
- ごっこ遊びや集団遊びなどを通して、友だちと遊ぶ楽しさを味わう。
- 自分の思いを言葉で伝えようとし、会話を楽しむ。
- 冬の自然現象に興味をもち、触れて楽しむ。

- 冬季の感染症予防のため保健衛生に留意し、健康に過ごせるようにする。
- 基本的生活習慣の習得を個々に合わせて援助し、一人でできた喜びを味わい、自信をもてるようにする。
- 自己主張を受け止め、保育者の意図もわかりやすく伝える。

- 寒さに負けず元気に過ごす。
- はしに興味をもち徐々に使うことに慣れ、様々な食品を食べる。
- 保育者と一緒に手洗いやうがいをし、食事のマナーを身につける。
- 生活に必要な身のまわりのことを自分でしようとする。
- 尿意や便意を感じ、自分でトイレに行き、後始末や手洗いをしようとする。
- 年上の友だちと一緒に食事をしたり、遊んだりする。

	内容	保育者の援助・配慮	行事

内容　教育（健康・人間関係・環境・言葉・表現）

- 保育者や友だちとお気に入りのおもちゃや場所を見つけ、好きな遊びを楽しむ。
- 春の自然の中で、小動物や草花に触れ、のびのびと体を動かして遊ぶ。
- 自分がしたいこと、してほしいことをしぐさや言葉などで保育者に伝えようとする。
- わらべ歌や季節の歌をうたい、音楽に合わせて自由に表現して遊ぶ。
- 保育者や友だちと一緒に、水、砂、泥などの感触を楽しむ。

- 自ら選んだ遊びを満足するまで十分に楽しむ。
- 保育者や友だちと一緒に、水、砂、泥などに触れて遊ぶ。
- 自分がしたいこと、してほしいことを言葉で伝えようとする。
- 紙、粘土、絵の具など、様々な素材に触れて楽しむ。
- いろいろな素材に触れ、作ったものを見立てたり、それを使って遊ぶ。
- 水、砂、泥などに触れ、夏の遊びを十分に楽しむ。

保育者の援助・配慮

- 生活や遊びの場を清潔に、また安全に整え、一人ひとりの戸惑いや緊張を受け止め、安心して生活できるようにする。
- 自分で食べようとする意欲を大切にし、楽しい雰囲気づくりを心がける。
- 一人ひとりの排尿間隔を把握し、タイミングよくトイレへ誘う。
- 簡単な身のまわりのことをしやすいように、個人用マークをつけ、取り出しやすいように工夫し、自分でできそうという気持ちをもてるようにする。
- 安心してトイレに慣れることができるように、トイレには保育者が一緒についていく。
- 安心して遊べるように、興味をもつような遊びや、遊び慣れたおもちゃを準備する。
- 様々な場面で季節の歌をうたう。眠るときには、心地よくゆったりと過ごせるように、子守歌をうたう。
- 天候や気温のよいときをとらえて散歩に出かけ、春の自然に触れ、体を動かして遊ぶ機会を多くもつ。

- 風通しや室温、健康状態などに気を配り、水分補給や休息を十分に行う。
- 保育者も一緒に食事をし、体調や食事の量の個人差にこまめに対応する。スプーンやフォークの使い方も把握し、必要な援助をする。
- トイレを明るく気持ちのよい空間に整え、一人ひとりの排尿間隔に合わせて声をかけ、トイレと保育室が同じ生活空間であると感じられるようにする。
- 自分でできたときは一緒に喜び、手伝いが必要なときはさりげなく手を添え、自分でしようとする気持ちが、次に続くように励まし支える。
- 夏のいろいろな遊びを取り入れ、楽しさやおもしろさを味わえるように保育者が一緒に遊ぶ。
- 水遊び用の手作りおもちゃなどを用意する。
- 友だちと関わって楽しめるように、保育者も一緒に遊ぶ。伝わりにくいことは、相手の気持ちに気づくように保育者が代弁する。
- 指先を使った遊びができるよう教材や道具を準備し、環境を整える。
- 紙皿やストロー、カラーポリ袋などの素材を豊富に準備し、見立てやごっこ遊びを楽しめるように、子どもと必要なものを作る。

行事

- 入園式　●こどもの日　●春の遠足　●イチゴ狩り
- サクランボ狩り

- 七夕　●夏祭り

●紙、粘土、絵の具など、様々な素材に触れて楽しむ。

●ごっこ遊びや見立て遊びを通して、保育者や友だちと言葉のやりとりをする。

●いろいろな素材・教材に興味をもち、描いたり作ったりすることを楽しむ。

●保育者や友だちと一緒に歌をうたったり、踊ったり、体を動かしたりなど、表現して遊ぶ。

●簡単なルールを理解して、集団遊びや追いかけっこなどで、保育者や友だちと一緒に体を動かして遊ぶ。

●雪や氷など、冬の自然に興味をもち、見たり触れたり体で感じたりする。

●遊びの中でイメージを広げ、言葉のやりとりを楽しむ。

●いろいろな素材や教材を使って、描いたり作ったりする。

●簡単な物語を見たり聞いたりすることを楽しみ、イメージを描く。

◆スプーンやフォークを使えるようになり、はしにも興味をもつようになったので、はしに慣れることを見守る。

◆尿意や便意を感じたらパンツを脱いで排泄しようとするのを見守り、さりげなく手伝う。

◆身のまわりのことを自分で行いやすいように、環境を見直すとともに、意欲を大切にし、一人ひとりに応じて手助けし、できたことを十分に認める。

◆全身を使った活発な遊びを十分に楽しみ、友だちと気づきや発見、工夫ができるようにする。

◆友だちと関わる遊びが多くなり、ぶつかり合いも増えるので、互いの気持ちに気づくように話をよく聞き受け止め、仲立ちをする。

◆イメージを広げてごっこ遊びを十分に楽しめるように、保育者が仲間に加わり、遊具や場の工夫をし、遊びが発展するように援助する。

◆運動会や発表会などで、年上の子の活動に興味を示しまねをするので、異年齢で一緒に曲に合わせて体を動かす機会を設ける。

◆室外では、秋の自然に触れ、ドングリ、落ち葉などを集め、室内では簡単な製作やレストランごっこなどが楽しめるよう、環境を準備する。

◆手洗いやうがいなど風邪の予防に努め、室温や湿度を確認したり、換気に気を配ったりする。

◆食事では、個人差に配慮し、一人ひとりに応じて援助する。また、自信につなげ、基本的生活習慣が身につくように促す。

◆はしを使うようになるので、はしで食べやすい食材も献立に入れる。

◆トイレで排泄し気持ちよさや満足感を味わい、保育者も共感する。

◆子どもが意欲的に、模倣やごっこ遊びを楽しめるように、絵本の読み聞かせをし、大好きな絵本を再現して遊べるようなコーナーを用意する。

◆冬のいろいろな遊びを取り入れ、楽しさやおもしろさを味わう。

◆表現する楽しさを十分に味わえるよう、子どもの気持ちに寄り添い共感する。

◆クラス担任同士で連携し、年上の子との交流を増やすことで、幼児クラスの生活を知らせ、安心できるようにする。

◆一緒に遊び、集団遊びや追いかけっこの楽しさに共感する。

◆子どもの話したいことや、やりたいことを聞いて意欲をくみとり、言葉で表現しようとする気持ちを満たす。

●運動会　●秋の遠足　●発表会　●クリスマス

●だんごさげ　●作品展　●豆まき　●一日入園　●バイキング
●ひな祭り　●お別れ会　●卒園式

4月

当初の子どもの姿と振り返り

Scene 1

振り返りにつながる観察記録

☑ 進級児は、環境が変わったことによる戸惑いがあり、前担任を求め落ち着かない表情であった。

☑ 新しい環境に慣れず泣く子は、兄姉の遊ぶ姿を見たり、短時間でもふれあったりすることで泣きやみ、遊び始めた。

> **観察と対応のポイント**
> 生活環境の変化が子どもの気持ちに与える影響に配慮します。

Scene 2

振り返りにつながる観察記録

☑ 天気のいい日は戸外に出ることを喜び、三輪車や砂遊びなどで、保育者や友だちと一緒に楽しんで遊んでいる。

☑ トラブルになる時もあるが、それは一緒に遊びたい思いから来るので、互いの思いを保育者が代弁すると遊びを続ける。

> **観察と対応のポイント**
> 友だちとの関わりや春の自然を感じる様子をとらえます。

4月の保育のねらい

☑ 新しい環境の中で一人ひとりのこだわりや要求を丁寧に受け止めながら、安心して過ごせるようにする。

☑ 春の自然に触れ、保育者や友だちと好きな遊びを楽しむ。

連続性を踏まえて月案を作成

4月 月案

4月当初の子どもの姿

- 新入児は新しい環境になったことで不安を示し、登園時や午睡時に泣く姿が見られる。進級児は環境が変わったことで、戸惑い、前担任を求めて泣く姿が見られる。
- 戸外に出ることを喜び、三輪車、コンビカー、砂遊びを保育者や友だちと一緒に楽しんだりしている。

保育の内容	環境構成
養護（生命の保持・情緒の安定）	
● 室内・戸外の安全点検を行い、保健的で安全な環境の中で、快適に過ごせるようにする。	● 室内では、ホールの固定遊具（ろく木、トランポリン等）や倉庫の遊具（ボール、大縄、フラフープ、マット等）、おひさま広場や中庭では、三輪車、コンビカー、滑り台などの安全点検を行う。砂場用の遊具については種類と数を整える。
● 戸惑いや不安を受け止めてもらいながら、新しい生活の場や保育者になじんでいくようにする。	● こじんまりと居心地よく、畳やソファーなど家庭的な雰囲気の生活空間づくりをする。
● 自分の身のまわりのものがどこにあるか知ることで、新しい環境に慣れ、安定した生活になるようにする。	● ロッカーや靴箱に統一したシールを貼り、自分の持ち物の場所がひと目でわかるようにする。
教育（健康・人間関係・環境・言葉・表現）	
● いすに座って、保育者や友だちと一緒に食事やおやつを楽しく食べる。	● 各テーブルに一人ずつ保育者がつき、目が合うようにする。食器にすぐ手が届くように、テーブルといすを設定する。
● スプーンやフォークを使って、こぼしながらも一人で好きなものを食べる。	● スプーンとフォークを並べて置き、どちらも使えるようにする。
● 保育者と一緒にトイレへ行き、使い方を知り、排泄しようとする。	● トイレは清潔で明るく保ち、便座を温かくし、興味のもてる絵や写真を子どもの目の高さに合わせて貼ったりして、心地よさを感じられるようにする。
● 保育者や友だちと気持ちの向いた場所で好きな遊びを楽しむ。	● 少人数で落ち着いた環境の中でじっくりと遊べるように、ついたてやござなどを準備する。
	● おもちゃの位置、種類、数を、子どもたちの姿や興味に合わせて設置し、自由に取り出して遊ぶ。遊んだ後は元の場所に戻しやすいように写真などを表示する。
● 春の自然の中で、だんご虫やつくしなどの虫や草花を見たり触れたりして楽しむ。	● 見つけた虫や草花を入れるヨーグルトカップや牛乳パックなどを集め整え、すぐに使えるようにしておく。
● 自分がしたいこと、してほしいことをしぐさや言葉などで保育者に伝えようとする。	● 子どもがゆっくりと話すのを待ち、騒がしい場合は周囲の刺激を避けるような空間へ誘う。まわりの子どもに聞いてほしいと伝える。
● 絵本や紙芝居を見たり聞いたりして楽しむ。	● 絵本は、興味をもちそうなものを選び、表紙が見えるように絵本棚に並べる。
	● 読み聞かせの際、保育者の背景に布を掛けるなどして、落ち着いた雰囲気の中で見たり聞いたりできるようにする。

書き方のポイント

好きなおもちゃが"いつもの場所に、いつものように"置いてあることを大切に考えます。

保育のねらい

☑ 新しい環境の中で一人ひとりのこだわりや要求を丁寧に受け止めながら、安心して過ごせるようにする。
☑ 春の自然に触れ、保育者や友だちと好きな遊びを楽しむ。

援助・配慮事項

● 使用する遊具の特徴や2歳児なりの使い方を保育者間で共通理解し、安全に過ごせるようにする。

● 子ども一人ひとりの育ちの過程を踏まえて、環境の変化による戸惑いを把握し、一人ひとりに語りかける保育者の声の大きさやトーンが心地よいものであるようにする。

● 4月は子どもの求めに応じることを優先し、安定して過ごすことができるようにする。新入児や不安が強い子には、安心できる保育者との関係を早期に築いていく。

● 保育者がおいしそうに食べる姿を見せて子どもの食欲を誘い、おいしさを共感し合う。

● 個人差に応じて量を調節し、食べることが楽しく終わるようにする。安心して食事ができるように関わる。

● トイレには保育者も一緒につき、しゃがんで目線に合わせて声をかけることで、子どもが安心して排泄する。その心地よさを感じることができるようにする。

● 一人ひとりの興味や関心を理解し、ついたてやござなどでスペースを確保して遊びを楽しめるようにする。

● 遊びを楽しめない子どもに対しては、興味をもっていそうな遊びを保育者が一緒に行い、他児を誘いながら楽しそうな雰囲気をつくり、さりげなく溶け込めるようにする。

● 子どもと一緒に草花や虫に触れ、匂いをかいだり感触を楽しんだりしながら、子どものつぶやきに共感する。おもしろさや楽しさを共感し、伝えたい思いを代弁して遊び込めるようにする。

● 子どもが伝えようとしている姿に関心を示しながら、うなずいたり、言葉にして応答することで、伝わる喜びを味わえるようにする。

● 身近な生活の本や、心地よいテンポの絵本を選び、言葉の響きやくり返しのおもしろさを一緒に楽しんでいく。

個別の計画へ ▸▸▸

職員の連携

● 一人ひとりの健康状態やアレルギーなどを前担任から引き継ぎ、保育者、栄養士、調理師が連絡を取り合い、相互に共通理解する。

● 保育者同士の役割分担やクラスの運営の方法、個別に必要な配慮などを話し合うことにより、一人ひとりが安心して過ごせるようにする。

保護者との連携

● 一人ひとりの健康状態、発育状態などの連絡をこまめにとり、家庭と情報交換をする。

● 入園・進級に対する保護者の思いを受け止め、じっくりと話し合う機会をもつ。日々の送迎時や連絡帳などで園や家庭の様子を伝え合い、「共育て」意識を互いに深めていく。

振り返り

● 一人ひとりの心に寄り添いながら朝の受け入れを丁寧に行った。子どもによっては抱っこやおんぶなど短い時間スキンシップを行うことで不安が長く続く子はいなかった。園の生活にまだ慣れていない子どもには、引き続き特定の保育者が受け止め、安心して生活できるようにする。

● 戸外の安全点検を行ったうえで保育者の立ち位置に気をつけることを徹底し、子どもの姿をとらえたことで大きなけがなく過ごすことができた。しかし、まだ3歳以上児クラスのほうに行ってみたり、ホールに出てしまう時があるので、随時、人数把握を徹底していく。

● 天気のいい日は戸外に出て体を動かして遊び、開放感を味わいながら気分よく過ごすことができた。だんご虫探しは毎日のように楽しんでいる。今後は、飼育してさらに興味が広げられるようにしていきたい。中には遊びがもの足りない子もおり、3歳以上児の園庭の「もぐら山」に少人数で遊びに行って楽しむこともしている。子どもの動線を予測していくようにする。

4月 個別の計画｜みりちゃん（2歳7か月）

子どもの姿	●同じクラスのメンバーで進級し担任保育者が持ち上がったことで、大きな戸惑いや不安はなく過ごしている。 ●おむつがぬれていても不快感を訴えることはなく、おむつ交換の際は「交換だけ」と言い、新しいトイレには行きたがらない。 ●新しい保育室の遊具に興味を示し、特にままごとコーナーを好み、気の合う友だちと遊ぶことを楽しんでいる。「全部、わたしの」と、気に入ったままごとの遊具を自分一人で使いたがり、思いのままにならないといら立ち、泣き出したり、友だちをたたいたり引っかいたりして、自分のエリアを守ろうとする。 
ねらい	●こだわりや要求を十分に受け止め、新しい環境で安心して心地よく過ごせるようにする。 ●おむつ交換する気持ちよさを味わい、新しいトイレに興味をもつ。 ●保育者や友だちと、好きな遊びを楽しむ。
内容（養護・教育）	●生活の中でのああしたい、こうありたいとこだわることは、自我の育ちであるととらえ、こだわりに寄り添い、伝わっていると感じられるようにする。 ●保育者と一緒にトイレに行き、友だちの姿をまねて便座に座ろうとする。 ●お気に入りのおもちゃでままごと遊びをし、自分がしたいことや思いを言葉やしぐさで伝える。保育者や友だちと一緒に戸外遊びを楽しむ。
保育者の援助・配慮	●登園時は、目を見てほほ笑み、心地よいトーンであいさつをし受け入れを行う。 ●いら立っている時には、思いや要求を受け止め代弁し、気持ちが落ち着くようにする。また、こだわりを尊重し受け止めるとともに、納得できる方法をいくつか提案することで、気分よく過ごせるようにする。 ●幼児トイレに対する抵抗を受け止めながらも、友だちがトイレに行き排泄する姿に触れ、トイレで排泄することに関心をもてるようにする。また、トイレ内に好きなキャラクターの絵を貼り、楽しくトイレに行き、便座に座ろうとする気持ちをもてるようにする。

保育者の援助・配慮

- お気に入りのおもちゃや遊び方を把握し、イメージを共有できるように問いかける。また、保育者や友だちと一緒に遊ぶ楽しさを味わえるように、そばで遊んでいる友だちの様子を伝え、顔を見合わせたり、うなずいたり、言葉でやりとりしたりする。

- おもちゃの取り合いや自分の思いがうまく伝わらないことでトラブルが起きた時や、手が出そうになった時には、思いを十分に受け止め、代弁して、気持ちが落ち着くの待つ。友だちの思いも伝え、どのようにするかともに考える。

 **書き方のポイント**

子どもが容易に納得しない時にどう対応するのか、書いておきます。

- 午睡では、寝つくまで時間がかかることがあるので、自分で選んだお気に入りの絵本を読み聞かせして自然に寝入れるようにする。特定の保育者がそばにいることで、安心して眠ることができるようにする。

- 好きな手遊びや歌は、ペープサートも使い、目で見て楽しめるようにする。また、心地よいトーンやリズムを大切にし、楽しくほっとできる時間となるようにする。

保護者との連携

- 新しい環境で「ひとつ大きくなった」と喜ぶ姿や、昨年度から同じ友だちと一緒に楽しく過ごしているエピソードを伝え、安心できるようにする。

- 排泄については、環境による変化も考えられるので、無理のないように進めることを伝え、気持ちよくトイレに向かった時には、園と家庭でほめるようにする。

4月 5月 6月 7月 8月 9月 10月 11月 12月 1月 2月 3月

みりちゃんの振り返り

- 前年度からの持ち上がりで、みりちゃんのこだわりをよく理解していたが、保育者自身が他児に関わる場面が多く、十分にこだわりや要求を受け止めることができず、いら立ちが見られた。満足できるような関わりを丁寧に行う。

- 友だちの姿を意識してトイレに向かい、便座に座ることは数回あったが、トイレに対してまだ抵抗がある。好きなキャラクターの表示ができなかったので、早急に試す。

- 遊びたい気持ちが先ばしり、言葉やしぐさで伝えるよりも、友だちに対して手が出る場面が多かった。思いをくんで、保育者が代弁する関わりを行う。

4月 個別の計画 | たくみくん（2歳1か月）

子どもの姿	● 担当保育者が変わり新しい保育室になったことで、戸惑い泣くこともあるが、クラスのメンバーがほぼ変わらなかったので、気の合う友だちとはブロックなどで遊んでいる。 ● 睡眠の場所が変わったため、眠りが浅く、短時間で起きる。 ● 「だめ」と保育者の手を引っ張り、拒んでいることを指さしやしぐさなどで伝える。 ● こぼしながらもスプーンやフォークを使って食べる。メニューにもよるが、好みのものは一人で食べきる。 

ねらい	● 戸惑いや不安を受け止められながら、新しい環境に慣れ、安心して過ごせるようにする。 ● 保育室や保育者に慣れ、眠くなったらぐっすり眠る。 ● 好きな遊びや場所を見つけて、保育者と一緒に楽しく遊ぶ。 ● スプーンやフォークを使い、楽しく食べる。

内容（養護・教育）	● 朝の登園から安心して過ごせるように担当保育者が関わることで、ぐっすり眠れるようにする。 ● 担当保育者にお気に入りの絵本を読んでもらいながら、自然に寝入る。 ● 友だちと楽しい雰囲気の中で、スプーンやフォークを使い、自分のペースで食べる。 ● トイレ近くでおむつ交換することで、トイレに関心をもつとともに、排泄時の気持ちよさを味わう。 ● お気に入りのおもちゃや好きなぬいぐるみで、保育者や友だちと遊ぶ。 ● 絵本を見て、指さしやしぐさで思いを伝え、言葉のやりとりを楽しむ。

> **書き方のポイント**
> 新しい環境で子どもががんばっていることを理解しておきましょう。

保育者の援助・配慮	● 朝の受け入れは担当保育者が行う。待っていたよとのメッセージを込めて「おはよう」とあいさつし、一日の始まりが楽しくなるように関わる。 ● 抱っこや手をつなぐなど、甘えや要求を満たす。ゆったりと話しかけ、子どものペースに合わせて保育者も動くようにする。 ● ロッカーやかばんかけ、靴箱に好きなシールを貼り、「ここがたくみくんのところだよ」と持ち物を置いたりかけたりし、自分の大切なものがどこにあるのかわかるようにする。

保育者の援助・配慮

- 担当保育者がお気に入りの絵本（「ノンタンシリーズ」）をゆったりと読み聞かせ、早く目覚めた場合は保育者がそばに寄り添い再眠できるようにする。
- 好みや食事量を適宜調節し、スプーンやフォークに手を添えて援助し、一人で食べている気分になれるようにする。食事は楽しいものであると感じられるようにする。
- おむつ交換は保育者との交流のひとときと位置付け、「きれいしようね」「気持ちいいね」と言葉をかけ、心地よさが体感できるようにやりとりする。
- ままごとや草花摘み、砂遊びに興味をもち、おもしろがっていることに共感する。
- 指さしやしぐさのほかに、表情や目線などから思いを探り、「〜なの？」「〜したいの？」などと聞いたり、代弁する。

保護者との連携

- 送迎の際には保護者に様々な保育者への関わりは、一貫したものにする。
- 送迎時や連絡ノートでその日の生活の様子やエピソードを伝え、安心感をもってもらえるようにする。

4月
5月
6月
7月
8月
9月
10月
11月
12月
1月
2月
3月

たくみくんの振り返り

- 4月当初、登園時に泣くことがあったので、担当保育者が毎日朝の受け入れをしたことにより、1週間後には担当保育者になじんできて、泣かないで登園できるようになった。
- 午睡では早く目覚めることがあり、保育者がそばで再眠するようにと働きかけたが眠れなかった。絵本やブロックなどで遊んでいた。
- 好みでないものでも、フォークにさしたり小さく切り分けたりすることで食べられるものが出てきた。汁物もすくって食べようとするので、すくいやすいように下から持ってみるように促した。
- 保育者から促され、嫌がらずにおむつ交換をすることができるようになってきた。担任を受け入れられるようになったことのあらわれである。来月はトイレに興味をもてるようにする。
- 昨年と同じクラスだった友だちとは、楽しそうに遊んでいるが、違うクラスだった友だちとは、トラブルが起きやすかった。双方の子どもの気持ちの仲立ちに適切な対応ができたかについては、課題が残った。

5月

前月の子どもの姿と振り返り

Scene 1

振り返りにつながる観察記録

☑ 新しい環境に少しずつ慣れてきたが、朝の受け入れをより丁寧に行うようにする。

☑ 担当保育者へのこだわりは、ほんの少しスキンシップをすることで満たされるようになってきたので、引き続き特定の保育者が意識して関わるようにした。

観察と対応のポイント

子ども一人ひとりの心に寄り添い、支えるように関わります。

Scene 2

振り返りにつながる観察記録

☑ 毎日、だんご虫探しを行い、見つけるとつかまえて飼育してみるなど、さらにおもしろさが増してあちこち探し続けている。

☑ 園の生活に慣れてきて、3歳児以上の遊び場に行く子や一人でホールに出るなど、行動範囲が広がっているので、安全面に十分気をつける必要がある。

観察と対応のポイント

子どもの興味・関心を引き出す工夫を考えます。

4月の振り返り

- 一人ひとりの心に寄り添いながら朝の受け入れを丁寧に行った。子どもによっては抱っこやおんぶなどでスキンシップを図ったことで大きな不安が長く続く子はいなかった。園の生活にまだ慣れていない子どもには、引き続き特定の保育者が受け止め、安心して生活できるようにする。

- 戸外の安全点検を行ったうえで人数を把握すること、保育者の立ち位置に気をつけることを徹底し、大きなケガなく過ごすことができた。しかし、まだ3歳以上児クラスのほうに行ってみたり、ホールに出てしまう時があるので、人数把握を徹底していく。

- 天気のいい日は戸外に出て体を動かして遊び、開放感を味わいながら気分よく過ごすことができた。だんご虫探しは毎日のように楽しんでいる。今後は、飼育してさらに興味が広げられるようにしていきたい。中には遊びがもの足りない子もおり、3歳以上児の園庭の「もぐら山」に少人数で遊びに行って楽しむこともしている。その際、安全面には十分配慮する。

5月の保育のねらい

- ☑ 一人ひとりの思いや願いを丁寧に受け止め、保育者との安定した信頼関係の中で安心して過ごせるようにする。

- ☑ 春の自然に触れ、保育者や友だちと一緒に好きな遊びを楽しむ。

- ☑ 身のまわりのことを保育者と一緒にやってみようとする。

連続性を踏まえて月案を作成

5月 月案

- 新しい環境に少しずつ慣れてきたが、登園時に保護者と離れる時や、活動の節目に泣くことがある。保育者になだめられ、しばらくスキンシップをとることで、気持ちを切り替えて遊ぶ。
- 戸外で草花を摘んだり、コンビカーや三輪車に乗って楽しむ。

	保育の内容	環境構成
養護（生命の保持・情緒の安定）	●慣れてきて行動範囲が広がるため、危険箇所がないように遊具や園庭の細かい安全点検を行い、安全な環境の中で、遊べるようにする。	●広い園庭へ出るので、「もぐら山」付近の安全点検を行う。もぐら山では、おしり滑りでズボンが汚れるので、ベランダに汚れ物を入れるバケツを準備しておく。
	●連休明けの生活リズムを整えるため、十分に休息をとりながら心地よく生活できるようにする。	●眠る場所を一緒に決めたり、静かなオルゴールを流して、落ち着いて眠れるようにする。
	●自分の居場所ができるようなコーナーを設定し、好みに応じてその場で安心して過ごせるようにする。	●好きな遊具でコーナー遊びを楽しむことができるように、ついたてや段ボールなどを準備する。興味をもっているものを取り出しやすく設定する。
教育（健康・人間関係・環境・言葉・表現）	●三輪車やコンビカーに乗り、追いかけっこや「一本橋渡り」などで、全身を動かして遊ぶ心地よさを味わう。	●1歳児や年上児がまわりで遊んでいるので、子ども同士がぶつかったりせずに、一人ひとりがのびのびと気持ちよく遊べるスペースを確保する。
	●スプーンやフォークを使って自分で食べようとする。	●食事準備中は食に関する絵本やペープサートなどで食の興味を広げ、楽しく食べられるようにしていく。
	●遊んだ後や食事前の手洗いを保育者と一緒にする。	●手洗い場は清潔に保ち、近くにゴミ箱を設定する。手洗いの仕方の流れを知らせる。
	●食後、口拭きタオルで口のまわりを拭く。	●食後に自分でタオルを取れるように、食事テーブルの上に個人タオルを置く。ひと目で自分のタオルをわかるようにたたんでおく。
	●保育者に声をかけられてトイレで排泄しようとする。	●便器に座って排泄するには時間がかかるので、余裕をもって一人ずつトイレに誘う。
	●保育者や友だちと一緒に遊ぶことを楽しむ。	●少人数でじっくりと遊べるように、ホールや保育室など、遊びのスペースを状況に応じて分ける。
	●春の自然の中で、ダンゴムシやカエル、タンポポなどの虫や草花に触れて探索活動を楽しむ。	●見つけた虫や草花を入れる飼育箱や容器などを準備し、見たり触れたりできる場所を確保する。
	●絵本や紙芝居を落ち着いて見たり聞いたりする。	●身近な内容のものや、言葉のやりとり・くり返しを楽しめるような絵本を準備する。

保育のねらい

- ☑一人ひとりの思いや願いを丁寧に受け止め、保育者との信頼関係の中で安心して過ごせるようにする。
- ☑春の自然に触れ、保育者や友だちと一緒に好きな遊びを楽しむ。

援助・配慮事項

- 他クラスの子どもたちとかち合うので、「おひさま広場」と中庭に分かれて遊ぶ。子どもの様子を見ながら、少人数で園庭で遊んだり、少人数で散歩したりができるようにしていく。

- 睡眠の仕方や癖を把握し、寄り添って安心して寝つけるようにする。疲れや眠い様子が見られる子は、早めに休息がとれるようにする。

書き方のポイント
新しい環境で膨らむ子どもの興味の妨げにならないような配慮を考えます。

- 子ども一人ひとりの関心や興味を理解し、保育者も一緒に遊びを楽しみ、共感することで絆を深めていく。

- 必要に応じてスキンシップを図りながら、保育者に親しみをもって安心して過ごせるように関わる。

- 天気のよい日は、午前と午後、存分に戸外遊びを楽しめるようにする。

- 一人ひとりの量、好みなどを把握して準備し、一人で食べるペースを見守る。タイミングを見てさりげなく手を添えて口に運ぶなどをする。

- 手洗いの大切さを伝え、そでが濡れないようにそで口をあげる、手のひらをすり合わせて洗うことなど、具体的な動作を一緒にしながら経験を積み重ねるようにする。

- タオルを広げて両手で持って拭くことを伝える。仕上げは、保育者が行い、心地よさを感じられるようにする。

- 一人ひとりの排尿間隔を把握し、タイミングよくトイレへ誘う。トイレで排泄できた時は喜びを共感する。

- 一人ひとりの興味や関心を把握し、子どもとのやりとりが盛んになるように援助し、楽しさを共有する。

- 小動物に触れた後は、手洗いが大切であることを伝え、保育者と一緒に洗う。

- 子どもが伝えようとしていることにうなずいたり、応答することで、子どもが安心して保育者に伝えられるようにしていく。

個別の
計画へ

🧑 職員の連携

- 健康観察を行い、連休明けの体調変化に留意する。

- 新しい環境に慣れ、子どもの動きが活発になってきているので、園内・戸外の安全点検を行うとともに、危険のないよう保育者の立ち位置に気をつける。

👫 保護者との連携

- 連休明けの登園で、疲れや不安な姿が見られることが予想される。家庭での様子を聞き園での様子を伝えて、健康状態について共有する。

- 内科検診の結果を受けて、健康状態について家庭連絡を行う。

- トイレトレーニングを始められそうな子については、トレーニングの進め方を伝え、布パンツの準備をお願いする。

振り返り

- 一人ひとりの要求に丁寧に応えることで、子どもそれぞれの興味・関心が見えるようになった。手をかけなければならない部分に対して丁寧に関わることができたと感じる。生活の様々な場面で、選択肢を示したり、個々のタイミングに応じて待ったりすることで、一人ひとりが保育者に認められ、大事にされていると感じられるように保育をしていきたい。

- 安全面にしっかりと配慮したことで、大きなけがなく、開放感のある中で体を動かし戸外遊びを楽しむことができた。子どもたちの気づきに寄り添った関わりを、今後も大事にしていきたい。

- 手洗いは、保育者が手本を示し声かけを行った。手のひらを合わせてゴシゴシ洗うことが習慣づいていない子もおり、引き続き声かけを行っていく。

5月 個別の計画 ｜ みりちゃん （2歳8か月）

子どもの姿

- 担当保育者には自己主張できる。自分の思いが通らないと、怒って泣き出したり、たたいたり、引っかいたりすることもある。
- 友だちの姿をまねてトイレに向かい便座に座ることもあったが、最近はトイレに行くこと、トイレで排泄することに興味がなくなっている。
- 室内ではままごとで遊んだり、戸外ではコンビカー乗りや、三輪車にまたがり地面を蹴って進んだりして、楽しんでいる。

ねらい

- こだわりや要求を受け止め、自分の意図が伝わっていることを感じられるようにする。
- 尿意を感じたらトイレに行き、排泄しようとする。
- 春の自然に触れ、保育者や友だちと体を存分に動かして一緒に楽しむ。

内容（養護・教育）

- ああしたい、こうありたいという願いやこだわりに寄り添い、一緒に考え工夫することで、ともに生きているという安心感と満足感を味わえるようにする。
- 友だちが排泄するのにつられ、遊びの続きのようにトイレに行き、抵抗なく排泄できるようにする。
- 保育者や友だちと一緒に、春の自然の中で草花や虫などを発見し、触れて遊ぶ。
- 車をこぐ、登る、渡る、走るなど、全身を動かして遊ぶ楽しさを味わう。

保育者の援助・配慮

- 思い通りにならず気持ちが揺れている時は、目を合わせ、ゆっくりと子どもの願いに耳を傾ける。落ち着きのなさが伝わってくる時は、トーンダウンするのを待つようにする。
- 騒がしいところから離れ、落ち着いたスペースで、「あなたの気持ちはわかるよ」と思いを込めて話しかける。また、絵本の読み聞かせなどをして、子どもの自己回復を待ち、気分よく活動し始められるようにする。
- 「ああしたい」「こうありたい」というこだわりや願いは、時間がかかっても待ち、一緒に工夫する。願いやこだわりが叶うことで達成感や充実感を味わえるようにする。
- 友だちがトイレに行く姿からさりげなく声かけし、トイレに向かう気持ちをもてるようにする。好きなプリンセスのシールをトイレの壁に貼る。

 書き方のポイント

子どもができそうなところはどこかを探り、さりげなく手助けし、できたと感じられるようにすることが大切です。

<table>
<tr><td rowspan="1">保育者の援助・配慮</td><td>

- 見つけた草花や虫などを入れる容器を準備し、「自分で見つけたもの」という思いを感じられるようにする。草花や虫に触れる中での気づきに、うなずいたりする。
- 三輪車を自分でこいで進もうとしている時には見守るが、タイミングよく後ろから押して「三輪車に乗れた」という経験ができる。
- タンポポなどの草花に触れたり、ダンゴ虫をじっと見たり、つかまえたりなど、気づきや発見に共感し、その後の扱いも、ともに考える。

</td></tr>
<tr><td>保護者との連携</td><td>

- 生活の中でのこだわりや友だちとのトラブルついては成長ととらえ、自我の育ちを肯定的にとらえ合う。
- 友だちを見て自分でトイレに行こうとする姿があるので、本格的にトイレトレーニングのタイミングなのではないかと話し合いをする。

</td></tr>
</table>

4月 5月 6月 7月 8月 9月 10月 11月 12月 1月 2月 3月

みりちゃんの振り返り

- ああしたい、こうしたいという思いを尊重し、できる限り思いが通るように関わり、思いが通らない時には、納得できる方法を提示し、気持ちのやりとりを丁寧に行った。これにより、保育者に伝わっているという安心感をもって過ごせるようになっている。たまには友だちに手が出ることがあるが、保育者が代弁し、子ども自身が思いを言葉で伝えられるようにする。
- トイレに好きなキャラクターのシールを貼ったことで、トイレに行ってみようとする気持ちが出てきた。また、仲よしの友だちがトイレに行く姿を見て、トイレに行く回数が増え、タイミングが合えばトイレで排尿するようになった。トイレトレーニングは、間隔が空き尿の量も多くなった時に開始する。
- 気に入ったものを集めることが好きなので、手作りのポシェットを準備したことで、草花を摘み、入れて楽しむことができた。虫類には興味を示していないので、今後興味をもてるように関わる。
- 三輪車のペダルに足をかけてこいでみようとしている。保育者がタイミングよく押したり、声をかけたりしたことで、ペダルをこいで進めるようになった。今後も、三輪車乗りを楽しめるようにする。

5月 個別の計画 ｜ たくみくん （2歳2か月）

子どもの姿

- 登園時の表情も明るくなり、お気に入りの内ばきをはいてあちこち動きまわり、遊べるようになってきた。
- スプーンやフォークで、食材をすくって口に運び食べる。
- おむつをしているが、トイレのスリッパに興味を示している。
- 自分でこうありたいという気持ちがはっきりし、他児とトラブルになる。
- 言葉の意味は理解し、うなずいたり行動したりするが、自分の思いは指さしなどで示す。
- 砂でままごとをしたり、タンポポなどの草花を摘む探索活動を楽しんでいる。

ねらい

- 保育者との安定した関係の中で、安心して過ごせるようにする。
- スプーンやフォークを使って最後まで食べる。
- トイレに行って便座に座り、排泄しようとする。
- 保育者や気の合う友だちと一緒に、好きな遊びを楽しむ。
- 戸外遊びや散歩などで草花や虫を見つけて楽しむ。

内容（養護・教育）

- 大型連休明けの生活リズムを整え、保育者の見守りの中で、のびのびと生活できるようにする。
- スプーンやフォークで適量をすくってこぼさないで食べる。
- 保育者に促されてトイレに行き、タイミングが合えば排泄する。
- 好きな遊びやお気に入りの場所を見つけて、保育者や友だちと楽しく遊ぶ。
- 探索活動を存分に行い、虫や草花などの春の自然に触れ、様々なことに気づきや発見をする。

保育者の援助・配慮

- 連休中の生活リズムや体調、様子を聞き、活動と休息のリズムを整えゆったりと過ごせるようにする。
- ラグマットや畳を敷いて寝転がれるようなコーナーをつくり、動と静の遊びの空間をつくる。
- 心地よい声のトーンで読み聞かせをし、静かにオルゴールを流し、気持ちを落ち着かせて寝入ることができるようにする。
- 一口の量が多過ぎてこぼれるので、スプーンを下から持って食べるとこぼれないことに気づけるようにする。

保育者の援助・配慮	

- トイレに誘い、一緒にトイレに行き、好きな「アンパンマン」がトイレに貼ってあることを伝え、トイレに興味をもてるようにする。
- 連休前に遊んでいたままごとのおもちゃやぬいぐるみなどをそろえる。登園し、遊び出せるようにする。
- 好きな遊びを選び、それぞれの場所でゆっくりとできるように、小さな仕切りを置き、絵本コーナー、ままごとコーナーなどの空間を設定する。
- ままごとなど、友だちと同じものに興味をもちトラブルになった時は、「一緒に遊びたい」「貸してほしい」といった思いを代弁し、少しだけ待つことを促す。
- 草花（タンポポ、シロツメクサ）や虫（ダンゴ虫、チョウチョ）を探し、自然の美しさに気づき、おもしろさや好奇心を引きだす。

保護者との連携

- 連休中や連休明けの様子を聞き、体調や生活リズムなど、健康状態についての情報を共有していく。園や保育者に少しずつ慣れていく様子を伝え、保護者が安心できるようにする。
- 子どもたちの微笑ましいエピソードを交えたクラス便りを発行し、写真なども載せることで視覚的にもわかりやすくクラスの様子を伝える。

4月 / 5月 / 6月 / 7月 / 8月 / 9月 / 10月 / 11月 / 12月 / 1月 / 2月 / 3月

たくみくんの振り返り

- 園の生活に慣れるのが早かったこともあり、保育者は他児に関わる場面が多くなり、本児に十分関われなかった。母親の仕事復帰など、生活環境の変化もあり不安定になる時の対応が不十分だったと反省し、再度、信頼関係をつくる。
- スプーンを下から持つように声をかけたが、慣れないようでしばらくすると上から持つ。
- 友だちがトイレに行く姿を見て刺激を受け、「自分も」と保育者と一緒にトイレに行き、トイレに興味をもつ姿が見られる。
- ままごとコーナーで友だちと見立て遊びや並行遊びを楽しんでいる。一緒であることが楽しいようだ。
- 戸外での遊びは、子どもの気分も晴れやかだ。砂遊び、草花摘みなど、日々自然の中で新たな気づきや発見があり、それが子どもたちにとって最も楽しいことである。保育者は環境づくりを行い、気づき、発見するという経験ができるようにする。

✏️ **書き方のポイント**

同じ遊びをしているようでも、それぞれの思いで遊んでいます。子どもの思いも含めて、記録しましょう。

前月の子どもの姿と振り返り

Scene 1

振り返りにつながる観察記録

☑ 園生活にも慣れてきて、安心した表情で過ごす姿が見られる。

☑ 不安な表情が見られた子には、担当とじっくり遊ぶ時間を設けることで次第に友だちと遊ぶようになってきた。

> **⚠ 観察と対応のポイント**
>
> 丁寧に対応し、一人ひとりの子どもの姿や気持ちをとらえましょう。

Scene 2

振り返りにつながる観察記録

☑ 排泄時のズボンの脱ぎはきなど、自分でやろうする姿が見られた。

☑ 体を思いきり動かして、戸外で遊ぶことが多く見られるようになった。

> **⚠ 観察と対応のポイント**
>
> 気持ちが安定することで、活動が活発になる姿をとらえます。

5月の振り返り

● 一人ひとりの要求に丁寧に応えてきたことで、クラスが落ち着き、一人ひとりの今の姿や興味・関心がみえるようになった。手をかけなければならない部分に対して丁寧に関わることができたと感じる。生活の様々な場面で、選択肢を与えたり、個々のタイミングに合わせて待ったりすることで、一人ひとりが保育者に認められ、大事にされていると感じられるように保育をしていきたい。

● 安全面にしっかりと配慮し、大きなけがなく、開放感のある中で体を動かし戸外遊びを楽しむことができた。子どもたちの気づきに寄り添った関わりを、今後も大事にしていきたい。

● 手洗いは、保育者が手本を示し声かけを行った。手のひらを合わせてゴシゴシ洗うことが習慣づいていない子もおり、引き続き声かけを行っていく。

4月
5月
6月
7月
8月
9月
10月
11月
12月
1月
2月
3月

↓

6月の保育のねらい

☑ 梅雨期の保健衛生に留意し、快適で健康に過ごせるようにする。

☑ 保育者に手伝ってもらいながら、ズボンや靴下の着脱を自分でやってみようとする。

☑ 好きな遊びを十分に楽しむ。

連続性を踏まえて月案を作成

53

6月 月案

- 生活の流れが定着し安心して表情よく過ごしている。登園時に不安な表情の子どももいるが、担任が受け入れると安定して一日が始まる。
- 排泄時のズボンの脱ぎはきなど、簡単なことは自分でやってみる姿が見られる。
- 三輪車をこぎ、体を思い切り動かして遊ぶ。

保育の内容	環境構成
養護（生命の保持・情緒の安定）	
●梅雨期は体調を崩しやすく、食中毒や感染症が発生しやすい。一人ひとりの生活リズムや健康状態を把握し、快適で健康に過ごせるようにする。	●食事前の次亜塩素酸水での消毒を徹底し、おもちゃや遊具の消毒を行う。
●汗をかいた時は体を清潔に保てるようシャワーをあびるなど、心地よく過ごせるようにする。	●水分補給の麦茶は、冷蔵庫で管理する。
●日陰で遊び、水分補給や休息をとり、気持ちよく遊べるようにする。	●戸外でも水分補給ができるよう、個人用コップをかごに準備しておく。 ●個人用タオルを準備し、汗を拭いたり、シャワーと着替えが終わった子は、他児の着替えが終わるまで待っていられるように、ござ、つみき、ブロックなどを準備しておく。
●自己主張を受け止められていると感じられるような気持ちのやりとりをじっくり行う。	●状況に応じて、保育者と一対一でじっくりと関わる空間と時間をつくる。
教育（健康・人間関係・環境・言葉・表現）	
●生活の流れをイメージし、ズボンや靴下の着脱を保育者と一緒にやってみようとする。	●ズボンをはきやすいよう、トイレの前に腰かけ用の手作りのベンチを置く。靴下は脱いだあと靴下ケースに入れ、戸外遊びに出る前にそこから自分で取り出してはけるようにする。
●同じテーブルの保育者や友だちと一緒に、あいさつをして食べる。 ●保育者や友だちの食べる様子を見たりしながら、苦手なものも少し食べてみようとする。	●おかず、主食、汁物、食具を毎日定位置に置く。 ●気の合う友だちと一緒に楽しく食事ができるように机やいすを配置する。
●食後は歯みがきをし、うがいをしようとする。	●コップと歯ブラシケースを子どもが取り出しやすい場所に置いておく。 ●コップに水を入れておき、うがいがスムーズにできるようにする。
●保育者に促されトイレで排泄しようとしたり、尿意を伝えたりする。	●トイレットペーパーは拭きやすい大きさに切って容器に入れ、保育者がすぐに取れるようにしておく。
●ごっこ遊びを十分に楽しむ。	●棚やついたてで仕切り、コーナーをつくる。
●草花や小動物などに触れて親しみをもつ。	●自分で見つけた虫や草花を入れる飼育箱や容器を準備し、触れたりいじったりできる場所に置く。
●保育者や友だちと一緒に、水、砂、泥などの感触を楽しむ。	●裸足になるので、中庭の安全点検を行い、石や木の枝などを取り除いて安全に楽しめるようにする。 ●水遊び用具（ホース、たらい等）を準備する。また、脱いだ泥んこ服を入れるバケツ、オムツ用のビニール袋を準備する。

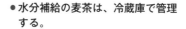

書き方のポイント

衛生面も考慮した環境を考えます。

54

保育のねらい

☑梅雨期の保健衛生に留意し、快適で健康に過ごせるようにする。

☑保育者に手伝ってもらいながら、ズボンや靴下の着脱を自分でやってみようとする。

援助・配慮事項

● 顔色、表情、目の輝き、遊びの様子などから、急な体調変化を見逃さず、早めの対応ができるようにする。

● 保育者間で声をかけ合って子どもの様子を把握し、水分補給は随時行えるようにする。

● シャワーや着替えを担当する保育者を決める。着替えが終わった子どもはコーナーで落ち着いて遊んで待っていられるようにする。

● 言葉で十分伝えられない子どものもどかしさをくみとり、話しかける。気持ちが安定してきたら子どもの願いに応じるようにする。

● 靴下の出し入れ、ズボンに足を通すのを見守り、さりげなく手伝うことで、「自分でできた」という達成感や喜びを感じ、次の意欲へつながるようにする。

● 「いただきます」の前に、食事のメニューを紹介し、食事に興味をもてるようにする。

● 食材の名前や特徴を伝え、食材に興味をもって食べてみようとする気持ちがもてるようにする。

● 歯みがきやうがいの仕方を保育者が一緒に行いながら知らせていく。仕上げみがきは、歯みがきの歌に合わせ楽しんで行う。

● 一人ひとりの排尿間隔を把握し、それぞれに合ったタイミングでトイレへ誘う。女児は保育者がトイレットペーパーで拭き、排尿後の始末を具体的に伝える。少しずつ自分でできるようにしていく。

● ままごと、つみき、木製レールなど、選択してじっくり遊べるようにする。

● 子どもの興味・関心に気づき、興味をもったものと関わりながら遊ぶ楽しさを一緒に感じ、発見や驚きに共感する。

● 水、砂、泥などの感触を肌で味わい、楽しさを共感する。裸足に抵抗を示す子には、靴をはいたまま水、砂、泥に触れて楽しめるようにする。

個別の計画へ

職員の連携

● 食中毒が流行しやすい時期なので、衛生管理や子どもの健康状態について、共通理解しておく。

● 親子行事の内容や保育者の配置について、それぞれの役割分担を話し合っておく。

保護者との連携

● 気候が変化しやすい時期なので、体調や気候に合わせて衣服の調節が行えるよう、準備をしてもらう。その際、子どもが自分で着脱しやすく、サイズが合っている衣服を用意してもらうようお願いする。

● 歯科検診の結果について保護者に知らせ、子どもによっては治療を勧める。

● 水遊びが始まるので、水いぼなどの皮膚疾患について確認をするとともに、泥んこ用の服、汗拭き用と温水シャワー用の個人タオルを準備してもらう。

4月
5月
6月
7月
8月
9月
10月
11月
12月
1月
2月
3月

振り返り

● 帽子着用の徹底、こまめな水分補給と日陰での休息を行い、暑い日には早めに室内に入るようにしたことで、戸外遊びも室内遊びも心地よく楽しむことができた。

● 「自分で」の気持ちが高まり、自分で取り組もうとしている子がいる一方、「できない」「やって」と甘え出す子もおり、保育者が十分に手をかけ援助する必要があるようだ。トイレトレーニングは、情緒の安定を待ってから進めてきたことで順調に進んでいる。

● 三輪車、コンビカー、虫探しなど、それぞれが好きな遊びを楽しむことができている。泥んこ遊びや色水遊びは、気温の高い日が少なかったため、回数が少なかったので、来月は十分に楽しめるようにしたい。

6月 個別の計画 みりちゃん（2歳9か月）

子どもの姿

- こだわりやこうありたいという思いを「わかっているよ」と受け止めてもらうと、落ち着いてくるが、怒って泣き出したり、友だちに対して手が出てたりすることがある。
- 友だちがトイレに行くのを見ると、「みりも行くー」と言って、トイレへ向かう回数が増えている。便座に座ると排尿もある。排尿間隔は1時間ぐらいと短い。トイレ後は自分でズボンをはこうとする。
- 草花を摘んで手作りポシェットに喜んで入れる。三輪車のペダルを自分の足でこいで進めるようになり喜んでいる。
- 語彙数が多くなり、保育者や友だちと言葉のやりとりや、ままごとなどごっこ遊びを楽しんでいる。
- スプーンやフォークを持ち器用に食べることができるが、たまに手づかみで食べることもある。

ねらい

- 身のまわりのことを「一人でできる」という気持ちを受け止め、できたという満足感が味わえるようにする。
- スプーンやフォークを使いこなし、楽しく食べる。
- おむつがぬれた時、保育者に知らせ、トイレで排泄する。
- 保育者や友だちと一緒に体を動かし、簡単なごっこ遊びを楽しむ。

内容（養護・教育）

- 靴下やズボンをはくなどの身のまわりのことを自分でしようとする。スムーズにいかない場合は、ポイントを伝え、気づき工夫できるようにする。
- 様々な食材に興味をもち、スプーンやフォークを器用に使いこなし食べる。
- おむつに排尿した時は、保育者に不快感を伝える。友だちの様子を見てまね、トイレに行き排泄し、気持ちよさを味わう。
- もぐら山登り、一本橋渡り、三輪車こぎなど全身を動かして遊ぶ。
- なりきり遊び、ままごと遊びの中で会話を楽しむ。

保育者の援助・配慮

- 戸外遊びの前には帽子を確認する。また、適宜水分を補給し、気温に合わせて日陰で遊ぶよう促していく。
- 靴下やズボンをはくなど、自分でしようとする気持ちを受け止め、見守り、さりげなく手伝うことで、自分でできたという喜びを感じられるようにする。
- 食材について興味をもてるように話したりして食欲を誘い、一人で食べるようにする。

保育者の援助・配慮	<ul><li>おむつがぬれたことを教えてくれた時は、「よく教えてくれたね」と言葉をかける。友だちが布パンツをはく姿や、トイレで排泄する姿に気づくように、さりげなく仕向け、「トイレでおしっこすると気持ちいいんだよ」などと促す。</li><li>3歳以上児の園庭で、「もぐら山」に登るなど全身を使ってのびのびと遊べるようにする。自分の足でこげるようになった三輪車は、コースを広くとり、友だちにぶつからないようにする。</li><li>ごっこ遊びでは、言葉でのやりとりを橋渡しし、友だちと一緒に遊ぶ楽しさを味わえるようにする。</li></ul>
保護者との連携	<ul><li>気温変化が大きいので、体調や気温の変化に合わせて衣服を調節できるように準備をお願いする。</li><li>家庭ではトイレに行くことに抵抗を示すということなので、園で友だちの姿を見てまねながら、トイレに興味をもち始めたら進めることを伝え、その様子を知らせる。</li></ul>

みりちゃんの振り返り

- 気温差があったが、大きく体調を崩すこともなく元気に過ごすことができた。靴下やズボンをはくなどは、初めは自分でしようとするが、うまくいかないといら立つので、保育者が手伝いポイントを伝えたりした。うまくできない悔しさを受け止め、さりげなく援助し、自分でできたという達成感を味わえるようにする。

- 保育者が食材についての話をすると興味をもって聞き、食べてみようとする姿が見られる。スプーン・フォークを使って食べられることをともに喜び、励ましていく。

- 「おしっこ出たよ」と教えることがあったので、「よく教えてくれたね」と言葉をかけると、教える回数が増え、おむつがぬれる不快感がわかるようになってきた。友だちが布パンツをはく姿やトイレで排泄する姿を見て、「トイレに行く」という回数も増えているので、今後は布パンツで過ごすことも考える。

- 天気のよい日が多く、園庭でもぐら山登りを楽しんだ。三輪車を勢いよくこげるようになった。絵本の読み聞かせごっこやお医者さんごっこなど、身近な場面のごっこ遊びを友だちと楽しむ姿が増えている。互いの思いの違いによりトラブルもあるが楽しく遊ぶことが多くなった。

📝 **書き方のポイント**

おいしいので早く食べたい、食具では食べにくいといった子どもなりの理由もとらえます。

6月 個別の計画 | たくみくん （2歳3か月）

子どもの姿	<ul><li>登園時、保護者から離れがたく泣くことがある。しばらく泣いているが、保育者が付き添っていると次第に落ち着く。</li><li>2歳下の弟が入所、一緒に登園できることを楽しみにし、安心感にもつながっている。</li><li>促されると、スプーンやフォークを下から持とうとするが、持ちづらそうである。</li><li>おむつはぬれていないことが増えてきた。誘われるとトイレに行くが、排尿しない。水を流すのが楽しいと、トイレに行く。</li><li>散歩や園庭で見つけた草花を摘み、母親にあげると大切そうに持ち帰る。</li></ul>
ねらい	<ul><li>まだ園での生活に慣れきっていないので、担当保育者が近くにいることで安心して過ごせるようにする。</li><li>食具を持って一人で食べる。</li><li>保育者と一緒にトイレに行って、排尿する。</li><li>保育者とのふれあい遊びややりとり遊びを十分に楽しむ。</li></ul>
内容（養護・教育）	<ul><li>騒がしく刺激が多いと不安になるので、落ち着ける空間でじっくり関わるようにする。</li><li>スプーンやフォークを持って食べきり、満足する。</li><li>保育者に促され一緒にトイレに行って、排泄しようとする。</li><li>興味のあるおもちゃを見つけて遊んだり、砂・泥遊びの感触を味わったり、草花集めをしたりして遊ぶ。</li></ul>
保育者の援助・配慮	<ul><li>子どもの登園時間に合わせて、担当保育者が玄関であたたかく迎え入れ、興味のあるものでの遊びに誘う。</li><li>睡眠、食事なども担当保育者が傍にいると安定しているが、離れなければならない時は、目を合わせて微笑んだり、「いつも近くにいるよ」とサインを送るように心がける。</li><li>担当保育者と静かな場所でゆったりと、絵本を読んだり絵を描いたりする時間を設ける。</li><li>スプーンを持って、子ども自身が手首を回してすくえるようにし、毎日少しずつ体験できるようにする。おいしく楽しく食べることを重視する。</li></ul>

保育者の援助・配慮

● スリッパをはいたり、水を流したりすることに興味を もっているので、スリッパ置き場の床にイラストを貼 り、視覚的にわかりやすくする。

● ままごとや絵本の言葉遊びを通してイメージをつなげ たり、共有できるよう問いかけ、やりとりをしながら 保育者と一緒に遊ぶ楽しさを感じられるようにする。

● 気温が高くなってきたら砂場に日除け用のテントを張 って日陰をつくり、砂遊びを快適な環境の中でできる ようにする。

● 気温によっては水遊びの 前に泥遊びを行う。とも に裸足になり、泥の感触 を味わう。汚れることを 嫌がる場合は、無理をし ない。靴をはいて泥遊び をしているうちに興味が 湧き、自然に靴が脱げる のを見守る。

書き方のポイント

遊びに水を使うことが でき、遊びが広がる季 節ならではの内容、援 助などを考えます。

保護者との連携

● 登園しぶりの理由を探り、担当保育者との関わりを密にしていることを伝える。保護者から離れてもすぐに泣きやむ と伝え、保護者の心理的負担が軽くなるようにする。

● 体調や気候に合わせて衣服の調節が行えるように、泥遊び用の服など、着替えを多めに備えてもらうように伝える。

● 親子遠足は親と一緒に過ごす貴重な機会である。親子で過ごす、友だちと遊ぶ、保育者と話すなどの機会であること から、参加するように話す。

4月
5月
6月
7月
8月
9月
10月
11月
12月
1月
2月
3月

たくみくんの振り返り

● 中旬より、泣かずに機嫌よく登園することができるようになってきた。登園後 自然に遊びだすようになり、そのような日は一日中、情緒が安定して過ごせて いる。今後も、担当保育者が朝の受け入れ時に関わることで、安心して一日を スタートさせる。

● 促されるとスプーンを下から持ち直すが、上から持って食べるのが常である。 おいしく楽しく食べることを軸に援助する。

● 誘われるとトイレに行き、便座に腰をかけ水を流したり、トイレットペーパー をさわったりなどをして遊んでいる。トイレも遊び空間だと思っているようだ。 トイレという場に、抵抗なく行けるようになった。

● 砂場で裸足になって遊んだり砂の上を歩いたりして楽しんだ。はじめはためらっていたが、保育者と友だ ちの楽しそうに遊ぶ姿を見て、「たくみも！」と挑戦していた。来月のプール遊びも、興味が出てくるの を待ち、自ら遊び出せるようにする。

7月

前月の子どもの姿と振り返り

Scene 1

振り返りにつながる観察記録

☑ 日差しが強くなり、涼しい時間帯に外に出る、帽子をかぶる、水分補給など、暑くても戸外で元気に遊べるよう工夫をした。

☑ 友だちとのやりとりが、言葉ではうまく伝わらないことがある。保育者がわかりやすい言葉で仲立ちした。

観察と対応のポイント

子ども同士の言葉のやりとりを見守り、必要に応じてサポートします。

Scene 2

振り返りにつながる観察記録

☑ 衣服の着替えや食事の片づけを自ら進んで行う姿が見られるようになった。

☑ できるようになったのに「できない」「やって」と保育者に甘える子も見られた。

観察と対応のポイント

情緒の安定を大切にし、子どもの状況に応じて関わりましょう。

6月の振り返り

- 帽子着用の徹底、こまめな水分補給と日陰での休息を行い、暑い日には早めに室内に入るようにしたことで、戸外遊びも室内遊びも心地よく楽しむことができた。

- 「自分で」の気持ちが高まり、自分で取り組もうとしている子がいる一方、「できない」「やって」と甘え出す子もおり、保育者が十分に手をかけ援助する必要があるようだ。トイレトレーニングは、情緒の安定を待ってから進めてきたことで順調に進んでいる。

- 三輪車、コンビカー、虫探しなど、それぞれが好きな遊びを楽しむことができている。泥んこ遊びや色水遊びは、気温の高い日が少なかったため、回数が少なかったので、来月は十分に楽しめるようにしたい。

4月

5月

6月

7月

8月

9月

10月

7月の保育のねらい

☑ 夏季の保健衛生に留意し、快適で健康に過ごせるようにする。

☑ 保育者や友だちと一緒に水、砂、泥などに触れて楽しむ。

☑ 保育者に手伝ってもらいながら、衣服の着脱やたたむことを自分でやってみようとする。

11月

12月

1月

2月

3月

連続性を踏まえて月案を作成

61

7月 月案

- 自分の衣服の着脱や片づけをしようとする子がいる。
- 三輪車をこげる子が増え、誇らしげにスピードを出してこいで楽しんでいる。
- 保育者や友だちと簡単な言葉のやりとりをするが、うまく伝わらないこともあるため、保育者が言葉で伝えながら仲立ちをして関わっている。

保育の内容	環境構成
養護（生命の保持・情緒の安定）	
● 一人ひとりの生活リズムや健康状態を把握し、室内外で熱中症予防を行うとともに、こまめに着替え、温水シャワーを利用しながら、快適に過ごせるようにする。	● 風通しをよくし、遮光ネットを張り、必要に応じて冷房（設定は26〜28℃）を使用し、快適に過ごせるようにする。 ● UV帽子着用の徹底、水分補給・日陰での休息、遊ぶ場所や時間に配慮する。戸外でも水分補給できるようにかごにコップを準備しておく。
● 「自分でやりたい」「できない」の揺れ戻しがあり、時には甘えたい気持ちに寄り添いながら、子どもがありのまま過ごせるようにする。	● 衣服の着脱は、午睡前後、水遊びの前後に、じっくり取り組めるように設定する。
教育（健康・人間関係・環境・言葉・表現）	
● 涼しく、心地よい空間でゆったりと友だちと一緒に食べる。	● 心地よい環境の中で、食事を楽しむことができるように、室温（26〜28℃）、湿度（60％）を設定する。
● 保育者に促されてトイレで排泄する。保育者に尿意や便意を伝える。	● スリッパをすぐはける向きにそろえ、スムーズにトイレに向かえるようにしておく。
● 男児は立って排泄しようとする。女児はトイレットペーパーを使って自分で拭こうとする。	● トイレットペーパーは拭きやすい大きさに切って容器に入れる。容器から子どもが自分で取れるようにする。
● 水遊びの前後に、衣服の着脱を保育者に手伝ってもらいながら、自分でしようとする。	● ござなどを敷いて着替えスペースをつくり、落ち着いて着替えられるようにする。 ● 衣服の前後がわかるように置いたり、着る順番に並べたりするなどして着替えやすくしておく。
● 脱いだ衣服をたたもうとする。	● たたんだ服を入れておくトレーを準備し、自分のマークのシールを貼って自分の衣服がわかるようにする。
● 保育者や友だちと一緒に水、砂、泥などに触れて楽しむ。	● 小麦粉粘土、寒天、色水、ゼリーカップ、ペットボトル、じょうろなどを準備し、楽しめるようにする。
● プール遊びを楽しむ。	● 中庭にシートを敷き、その上にプラスチックプール、ビニールプール、小さなタライを設定する。 ● 朝早い時間にプールに水を汲み、水温は25℃以上になるようにし、低い場合は温水を足す。プールには、次亜塩素酸水を入れる。マット、脱いだ水着を入れるバケツを準備する。 ● プールに入る前の準備体操のCDを準備しておく。
● リズムに合わせて季節の歌をうたったり、踊ったり体を動かして楽しむ。	● ハンドベルなどの楽器を準備しておく。

保育のねらい

- ☑夏季の保健衛生に留意し、快適で健康に過ごせるようにする。
- ☑保育者や友だちと一緒に水や砂などに触れて楽しむ。
- ☑衣服の着脱やたたむことを自分でやろうとする。

援助・配慮事項

- 冷房を使用する際は、外気温との差が大きくならないように配慮する。
- 気温が高くなることが予測される日は、朝の涼しい時間に戸外に出るなど、保育者間で遊ぶ場所を伝え合う。

- スムーズにできないことがあるので、できるところまできたらその先は援助し、できた気分を味わえるようにする。また、できなくてイライラしたり、悔しい気持ちを受け止めて一緒に行う。

- 暑さのため食が進まない時は量を加減し、少しでも食べられたことをほめて楽しく食べられるようにする。

- 尿意や便意を知らせた時や、トイレで排尿ができた時は、「すっきりしたね」「気持ちよかったね」と体感を言葉で伝える。また、トイレに間に合わなかった時は、「大丈夫」と伝え、素早く着替える。

- 男児には保育者が横について、小便器の使い方や排尿後の始末の方法を知らせる。女児には保育者が持っている容器から自分でトイレットペーパーを取り、拭くようにする。

- 自分でしようとする気持ちを受け止め、スムーズにできるところは見守り、難しいところはさりげなく手伝うことで、自分でできた喜びをもてるようにする。また、「自分で」の気持ちがまだの子には、保育者が援助しつつ他児の姿を意識させる。

- 脱いだ衣服を広げて、一緒にたたみ、たたんでみようとする気持ちがもてるようにする。

- 子どもの発見や気づきを受け止め、色の変化や感触への気づきに共感する。

- プールに入る前に、プールを囲んで、足、ひざ、おしり、おなか、胸、手、顔、頭に順番に水をかけながら、少しずつ水に慣らしていく。

- 日ごろ楽しんでいるふれあい遊びなどを取り入れて、水に親しみをもちながら楽しめるようにする。水に抵抗を示す子は小さなタライから水を汲んだり、じょうろで水を流したりして楽しめるようにする。

- ハンドベルの音色を聞き、ゆったりとした時間を過ごせるようにする。

個別の計画へ

職員の連携

- 暑さで体調が変化しやすい時期なので、一人ひとりの健康状態を把握し、無理せず活動できるようにする。
- 水遊びの準備や進め方について十分に話し合い、役割分担を明確にして、安全に行えるようにする。

保護者との連携

- 気温の高い日が増え、体調を崩しやすい時期になるので、子どもの健康状態をこまめに伝える。
- 水遊びや泥遊びが十分に行えるよう、プール用具の準備、着替えの補充、汚れ物の洗濯などの協力を伝える。また、プールカードの○×を忘れずに記入してもらうようにする。

4月 5月 6月 7月 8月 9月 10月 11月 12月 1月 2月 3月

振り返り

- 梅雨が長引き、じめじめと蒸し暑い中ではあったが、気温・湿度を適正に保ちながら、汗をかいた後は温水シャワーで汗を流し、快適に過ごすことができた。また、気温が高くなることが予測される日は、早朝や夕方に戸外遊びの時間を設置し、2歳児に合わせた過ごし方ができた。
- 泥んこ遊びの前後に、保育者と一緒に衣服の着脱やたたむことを行い、少しずつ自分でできるという気持ちがもてるようになってきている。排泄面では、ほとんどの子がトイレで排泄でき、自立も順調に進んでいる。男児は小便器に抵抗のある子もいるので、他児の姿を見せたりしながら、少しずつ立って排泄ができるようにしていきたい。
- 梅雨が長引いたこともあって、しゃぼん玉や泥んこ遊びは数回楽しんだが、プール遊びはまだできていない。泥んこ遊びは裸足になることに抵抗を示した子がいたが、靴をはいたままで泥んこ遊びを経験したことで、裸足でも楽しめるようになってきた。来月は、プール遊びを思い切り楽しめるようにしたい。

63

7月 個別の計画 ｜ みりちゃん （2歳10か月）

子どもの姿

- 靴下やズボンをはくなど、自分でしようとするが、スムーズにできないと「もう！」といら立つ。「自分でやりたい」と「うまくできない」の間で、じれったく感じている。

- 手づかみでなく食具を持って食べるように促されると、機嫌が悪くなり食べる意欲を損ねる。

- 「おしっこ出たよ」と知らせることが多く、おむつがぬれる不快感がわかるようになってきた。友だちが布パンツをはく姿やトイレで排泄する姿に刺激され、トイレで排尿する回数が増えている。

- お医者さんごっこや絵本の読み聞かせごっこなどを盛んに行い、「次の方どうぞ」「どうしましたか？」などと保育者や友だちと言葉のやりとりを楽しんでいる。

- トラブルで手が出ることあるが、すぐに立ち直れるようになり、笑い合ったりしているので、トラブルも遊びのひとつでもあるようだ。

コンコン

ねらい

- 身のまわりのことを「一人でできる」という気持ちを受け止め、「自分でできた」達成感を味わえるようにする。

- スプーンやフォークを使いこなし、一人で食べきろうとする。

- 促されトイレで排泄し、オムツから、布パンツをはいて過ごす。

- 水、砂、泥などに触れ、ごっこ遊びを存分に楽しむ。

内容（養護・教育）

- 生活リズムを把握し、汗をかいたら着替えやシャワーで清潔にし、暑さの中でも快適で元気に過ごせるようにする。

- 水遊び前後や排泄時の衣服の着脱は、自分でしようとする気持ちを受け止め見守る。スムーズにいかない場合は、ポイントを伝える。

- 涼しく心地よい環境の中で会話をしながら、スプーンやフォークを使い、食べる。

- お気に入りのパンツを選び、パンツをはいて過ごし、保育者に声をかけられてトイレで排泄する。

- しゃぼん玉や色水遊び、砂遊びなど、水、砂、泥に触れ、その感触を肌で感じ楽しむ。

保育者の援助・配慮

- 気温が高くなることが予測される日は、朝の涼しい時間帯に戸外に出るようにする。帽子の着用を確認し、水分補給の時間を設け、暑さの中でも心地よく過ごせるようにする。

- ズボンは、はきやすいようにベンチを用意し、ズボンを広げて置き、自分ではいてみようとする。「トンネルから足が出てくるかな？」などと、やる気を引きだすように関わる。

- 食事する時の室温や湿度（26～28℃、60%ぐらい）に配慮し、快適に食べられるようにする。食器を持つと、こぼさないで食べることができると伝える。

書き方のポイント

個人差を踏まえたうえで本人の援助を具体的に書きます。

保育者の援助・配慮

- 「今日のパンツは何がいいかな？」と聞き、いくつかパンツを出し、好みのパンツを選び、「お姉ちゃんパンツ」をはくことを喜べるようにする。

- 排尿間隔を把握し、生活や遊びの節目にタイミングよくトイレに誘い、トイレでの排泄の体験を自然に積み重ねられるようにする。

- 手足が汚れることを嫌がるので、はじめのうちは靴をはいて水や砂に触れ、慣れてきたタイミングで裸足になって、その感触を味わって楽しめるようにする。

- お医者さんごっこ用の聴診器などの小物を用意し、なりきったり、ふりをしたりして楽しめるようにする。友だちとの言葉のやりとりを通して、一緒に遊ぶ楽しさを味わえるようにする。

保護者との連携

- 暑い日は汗をかいたり、水遊びをしたりするので、着替えが足りなくならないように補充をお願いする。

- 友だちが布パンツをはいている姿に興味をもち始めていることを伝え、好きなキャラクターが描かれている布パンツだと喜んではき　排泄の自立につながりやすいのではないかと話し合う。

4月　5月　6月　7月　8月　9月　10月　11月　12月　1月　2月　3月

みりちゃんの振り返り

- 汗をかいた日は、温水シャワーで汗を流し気分よく過ごすことができた。ショートパンツをはくことが多くなったため、一人でスムーズに足を通せるようになり喜んでいる。「はかせて」と甘えることもある。今後も自分でできたという達成感を味わい、自分でできることを少しずつ増やす。

- 食欲に日々の差があるので、暑さの中でもおいしく食べられるようにする。友だちが食具を使って食べる姿に気づくような声かけをしたことで、スプーンやフォークを持って食べるようになってきた。皿を持って食べる声かけまではできなかったので、今後声かけを行っていく。

- キャラクターパンツを好み「パンツはきたい」という気持ちになり、中旬より午前中のみ布パンツをはいて過ごしている。もれることもあるが、パンツを選ぶうれしさもあり、喜んでパンツをはいている。排尿間隔は、ようやく2時間ぐらい空くようになったので、タイミングよくトイレに誘い、成功体験を重ねる。

- 梅雨のため、月の後半に泥んこ遊びを開始し、水温が低いので水遊びは中止した。泥んこになった洋服を着たまま「もぐら山」で汚れを気にせずに尻滑りなどの遊びを楽しんだ。泥んこ遊びでは、裸足になり、感触を肌で楽しんでいる。来月はプールでの水遊びを行う。

7月 個別の計画｜たくみくん（2歳4か月）

子どもの姿	● 登園しぶりはなくなり、笑顔で登園し担当保育者のもとへ手を広げて走ってくるようになった。 ● スプーンやフォークは上手持ちであるが、促されると下持ちに直そうとする。 ● おむつがぬれなくなり、トイレに誘われると行ったことだけに満足し、排尿はしない。 ● 友だちのもとへ帽子や靴下を持っていき、「行くよ～」と声をかけて一緒に出かけようとするが、自分の身支度はまだである。 ● 三輪車をこげるようになり、「見て～！」と得意げにこいでいる。 
ねらい	● 甘えや要求を受け止めてもらい、安心して過ごせるようにする。 ● 食具を使って、一人で食べる。 ● 促されてトイレで排泄する。 ● 簡単な着脱、身のまわりのことを、自分でやってみようとする。 ● 保育者や友だちと一緒に、水の感触を楽しむ。
内容（養護・教育）	● 担当保育者には甘えやこだわりを表すので、その甘えやぐずぐずなどにじっくり向き合ってもらうことで、安心感や満足感をもって生活する。 ● スプーンやフォークを持ち、皿に手を添えて一人で食べる。 ● トイレで排泄する心地よさを味わう。 ● ズボンや靴、靴下の着脱を保育者に手伝ってもらい、自分でやってみようとする。 ● 水、泥、砂などの感触を味わい、形の変化に触れて楽しむ。
保育者の援助・配慮	● 担任保育者かクラスのなじんだ保育者が朝の受入れをすることで、スムーズに園の生活に移行できるので、登園時の受け入れはなじんだ保育者が行う。 ● 家からお気に入りのアンパンマンのばんそうこうを貼ってきて、「かわいいね」「すてきだね」と言ってもらうことがうれしいので、しばらく様子を見る。

保育者の援助・配慮

- 朝のおやつ時に、部屋にピクニックシートを敷いて食べたり、ベランダで食べたりし、気分よく一日のスタートを切れるようにする。

- スプーンやフォークで、一人で食べられるようになっている。食器に手を添えるようにする。

- 排尿の間隔は90分以上空くようになったので、生活や遊びの節目にトイレに行くように促すが、出ない時は早々に切り上げる。排尿できた時は一緒に喜び、「すっきりしたね」など子どもの体感を言葉で伝える。

- ズボンをはく時は保育者のひざに腰かけ、できないところは後ろから、「こうしてはくのよ」と手順を伝え、はいてみるようにする。

- 着替えカゴを手の届く位置に準備し、自分で好きな衣服を選んで着ることができるようにする。

- ミストシャワーやシャボン玉遊びでは、「キラキラしてるね」「飛んでいったね」など、形の変化や触感を多様に表現し、楽しさをともに味わえるようにする。

- バケツやタライに水をくむ、かける、流すなど、水の感触（冷たさ、音）を楽しむようにする。

保護者との連携

- パンツをはく、ズボンに足を入れて引き上げるなど、着脱に取り組もうとしている姿と保育者の援助を具体的に伝える。

- トイレトレーニングについても園での促し方と家庭でのタイミングを伝え合い、それぞれの場の援助について理解する。

- 布パンツやズボンの補充を依頼し、もらすことも自立への一過程であることを相互理解する。

たくみくんの振り返り

- 「自分で」とこだわりが強く、その気持ちを受け入れてもらうことで、うまくいかない時でも安心してこだわることができ、情緒の安定した生活を送れた。

- スプーンやフォークを使って一人で食べられるようになってきた。皿に手を添えると食べやすいこともわかり、スムーズに食べることができるようになってきた。

- 生活や遊びの節目でタイミングよく誘うとトイレへ行き、一度トイレで排泄したことをきっかけに、「出る」と伝えるようになった。トイレでの排泄を積み重ね、おむつをはかないことは、身軽で快適であると気づけるようにする。

- 泥んこ遊びも「ぺったん！」とスタンプ遊びに発展させ、手形、足形を押して新たな発見や驚きがあり、言葉のやりとりが盛んになっている。楽しいと自然に言葉が出てくる。

- 衣服や靴の着脱、身のまわりのことについては「自分で！」「やって」をくり返している。

書き方のポイント

子どもの発した言葉と、その言葉が生み出された場面をおさえましょう。ワクワクする体験が、言葉となってきます。

67

8月

前月の子どもの姿と振り返り

Scene 1

振り返りにつながる観察記録

☑急な暑さで体調がすぐれない子が見られた。気温に応じ室温を適正に保つとともに、休憩の場の設定や温水シャワーの利用で快適に過ごせるようにする。

 観察と対応のポイント

蒸し暑さで生活リズムが崩れないよう、活動時間や環境を調整します。

Scene 2

振り返りにつながる観察記録

☑泥に抵抗があったので無理に裸足にさせなかった。靴をはいたままで泥んこ遊びをしているうちに、裸足でも楽しめるようになった。

☑泥んこ遊びの着替えの時、少しずつ、自分の衣服をたためるようになってきた。

 **観察と対応のポイント**

簡単な身のまわりのことに取り組む子どもの姿をとらえます。

7月の振り返り

● 梅雨が長引き、じめじめと蒸し暑い中ではあったが、気温・湿度を適正に保ちながら、汗をかいた後は温水シャワーで汗を流し、快適に過ごすことができた。また、気温が高くなることが予測される日は、早朝や夕方に戸外遊びの時間を設置し、2歳児に合わせた過ごし方ができた。

● 泥んこ遊びの前後に、保育者と一緒に衣服の着脱やたたむことを行い、少しずつ自分でできるという気持ちがもてるようになってきている。排泄面では、ほとんどの子がトイレで排泄でき、自立も順調に進んでいる。男児は小便器に抵抗のある子もいるので、他児の姿を見せたりしながら、少しずつ立って排泄ができるようにしていきたい。

● 梅雨が長引いたこともあって、しゃぼん玉や泥んこ遊びは数回楽しんだが、プール遊びはまだできていない。泥んこ遊びは裸足になることに抵抗を示した子がいたが、靴をはいたままで泥んこ遊びを経験したことで、裸足でも楽しめるようになってきた。来月は、プール遊びを思い切り楽しめるようにしたい。

8月の保育のねらい

☑ 夏季の保健衛生に留意し、快適で健康に過ごせるようにする。

☑ 保育者や友だちと一緒に水、砂、泥などに触れて、夏の遊びを楽しむ。

☑ 保育者に手伝ってもらい、衣服の着脱やたたむことを自分でしようとする。

連続性を踏まえて月案を作成

4月
5月
6月
7月
8月
9月
10月
11月
12月
1月
2月
3月

8月 月案

保育の内容	環境構成
養護（生命の保持・情緒の安定） ● 快適に過ごせる室温・湿度に管理する。	● 涼しいうちは窓を開け、換気を十分にする。 ● 室内では必要に応じて冷房（26〜28℃ぐらい）を使用する。
● 暑い日は、戸外で遊ぶ場所や時間に配慮し、熱中症予防を徹底する。温水シャワーで汗を流したり、プール遊びをするなど、暑い日を快適に過ごせるようにする。	● カゴにコップを準備し、戸外でも冷蔵庫から取り出した麦茶で水分補給し、快適に過ごせるようにする。 ● 気温が上がることが予測される日は、朝の涼しい時間や夕方に戸外遊びを行うように、遊び用具や職員体制を整える。 ● シャワー室は毎日使うので、使用後の掃除を徹底し、足拭きマットは日光消毒を行う。
● 衣服の着脱やたたむなど自分でしようとする気持ちを受け止め、自分でできたという思いをもてるようにする。	● 衣服の着脱やたたむことは、じっくりと行えるように水遊びの後の時間に、スペースを設けて行う。他児の動きからの刺激を受けないようにする。
教育（健康・人間関係・環境・言葉・表現） ● 保育者や友だちと一緒に、食事をすることを喜ぶ。	● こぼさずに食事ができるようになった子は、食事エプロンなしで食事する。
● スプーンとフォークを下から持って食べる。家庭ではしを使い始めた子は、スプーンとフォークと一緒に、はしも使って食事する。	● スプーンとフォークと一緒に、はしも使えるように並べて置く。
● 尿意や便意を感じたりした時、自ら保育者に伝えてトイレで排泄しようとする。	● スリッパをすぐはける向きにそろえ、スムーズにトイレに向かえるようにする。
● 男児は立って排泄する。女児はトイレットペーパーを使い自分で拭く。	● トイレットペーパーは、拭きやすい大きさに切って容器に入れ、子どもが自分で取れるようにする。
● 脱いだ衣服を自分でたたもうとする。	● マークシールを貼ったトレーを自分で持ってきて、そこに脱いだ衣服をたたんで入れられるようにする。
● プール遊びを楽しむ（水の中を歩く、水かけ、ワニ歩き、顔洗い、貝殻拾い、フラフープくぐり等）。	● フラフープ、貝殻、じょうろ、石けんなどを準備する。
	● 朝早い時間にプールに水をため、水温が25℃以上になるようにし、低い場合は温水を足す。プールには、次亜塩素酸水を入れる。マット、脱いだ水着を入れるバケツを準備する。

✏️ **書き方のポイント**

水遊びには様々な準備が必要です。保育者が確認すべき事項を具体的に記入します。

保育のねらい

- ☑ 夏季の保健衛生に留意し、快適で健康に過ごせるようにする。
- ☑ 保育者や友だちと一緒に水、砂、泥などに触れて、夏の遊びを楽しむ。

援助・配慮事項

- エアコンの温度・湿度の調節は、子どもの背の高さで確認し、涼し過ぎず、空気の入れ替えも行う。

- プールカードで確認し一人ひとりの体調に合わせた水遊びを行う。体調不良によりプールに入れない子は、室内でゆっくりと遊びを楽しめるように配慮する。
- プール後の水着を脱ぐ、シャワー・タオルで体を拭く、着替えの動線に合せて担当保育者を決め、混雑しないでできるようにする。水遊び後はゆっくりと休息をとれるようにする。

- 自分でしようとする気持ちに寄り添い、手を出さずに見守るが、必要に応じて援助する。できたという思いを味わい喜ぶことができるように関わる。

- 保育者が食器をもって食べるところを見せ、食器を持って食べるとこぼさず食べられることに気づけるようにする。

- 食事のあいさつの後、スプーンやフォークを下から持って食べるように声をかける。

- はしも使おうとすることを励まし、うまくつかめない時には、スプーンとフォークを使うことを伝える。

- トイレトレーニングが順調に進んでいる子は、トイレでの排泄後の体感を「スッキリしたね」「気持ちいいね」と言語化し、ともに喜ぶ。

- 男児は、保育者が横について、立ったまま排尿する。女児は、トイレットペーパーを自分で取り、拭くように声かけし、確認する。

- 脱いだ衣服が裏になっている時には、表になるように整えて前後を知らせ、自分でたためたという思いをもてるように援助する。

- プールに入る前は、プールを囲んで、足、ひざ、ひじ、お尻、おなか、胸、手、顔、頭の順番に水をかけ、少しずつ水に慣らす。保育者の足のトンネルくぐり、フラフープくぐり、貝殻拾いなどで、全身を使って夏の遊びを楽しめるようにする。

個別の計画へ

職員の連携

- 一人ひとりの体調を把握し、無理せず活動できるようにする。
- 夏の感染症の症状や対応を確認し合い、理解できるように配慮する。
- 水遊びの準備や活動の手順、役割分担を決め、危険のないよう連携する。

保護者との連携

- 暑さで疲れたり体調を崩したりすることが予想されるため、子どもの健康状態をしっかり把握し合えるようにする。水遊びを行うので、毎日、プールカードに可否を記入してもらう。
- 夏に流行しやすい感染症や皮膚疾患（とびひ等）の情報を早めに伝え、発症が疑われる場合は早めの受診をお願いする。

4月
5月
6月
7月
8月
9月
10月
11月
12月
1月
2月
3月

振り返り

- 月の前半は気温が高い日が続いたので、先月に引き続き夏の過ごし方を徹底したことで、熱中症などになることなく過ごすことができた。また、プール後や汗をかいた日は、幼児用のシャワーを借りて温水シャワーを行うことにより、あせもを予防し快適に過ごすことができた。

- 前半は天気のよい日が続き、毎日のようにプール遊びなど、この時期ならではの遊びを存分に楽しむことができた。段階を踏みながら水遊びをしたことで、後半にはほとんどの子がワニ歩きをして楽しむようになった。

- プール前後の衣服の着脱やたたみ方を、一人ひとりに目をかけ援助したことで、自分でしようとする気持ちが出て、自分でできるようになった。「できた」という達成感が、自信にもつながっている。

8月 個別の計画｜みりちゃん（2歳11か月）

子どもの姿

- ショートパンツには、スムーズに足を通せるので、「自分ではけた」と喜んでいる。「はかせて」と甘える時もある。
- 手づかみ食べをしなくなり、スプーンやフォークを三点持ちして一人で食べようとする。
- 排尿間隔が2時間程空くようになったため、午前中はパンツをはいて過ごすが、もれることもある。
- 好きなパンツを選んではけることのうれしさを感じている。
- ごっこ遊びでは、保育者が入らずとも友だちと言葉のやりとりをし、なりきって楽しむ場面が増えてきた。
- 梅雨が長引いたことで、泥んこ遊びやプール遊びを十分に楽しめなかった。
- 園庭の山に登れるようになり、喜んでいた。
- 汚れを気にせずにダイナミックに泥遊びを楽しんでいた。

ねらい

- 一つひとつできるようになることに共感し、新たにできるようになったことの発見に満足感を味わえるようにする。
- 食器に手を添え、スプーンやフォークで食べる。
- 保育者に尿意を伝え、促されてトイレで排尿しようとする。
- 夏の遊びを通して水、砂、泥などの感触を存分に味わう。
- 保育者や友だちと関わり、夏の遊びを存分に楽しむ。

内容（養護・教育）

- 健康状態を把握し、休息と活動のバランスを保ち、暑さの中でも快適で元気に過ごせるようにする。
- 排泄時の衣服の着脱や水遊び前後の着替えは、「自分でできる」というので見守り、ポイントを伝えることで、自分でできたという喜びを感じられるようにする。
- 心地よい食空間で、食器に手を添え食具を三点持ちして、こぼさないで食べようとする。
- 水の中ではフラフープくぐり、ワニ歩きなどをして遊び、水の心地よさを感じる。

保育者の援助・配慮

- 朝や夕方の涼しい時に戸外に出るようにするが、帽子をかぶり、こまめに水分補給を行う。汗をかいたらシャワーで清潔にし、暑さの中でも心地よく過ごせるようにする。
- 「自分でできる」「もうすぐ3歳」という気持ちを尊重しながらも、甘えもあるので受け止める。
- 思うようにできなくていら立つ時は、さりげない援助や衣服の前後を伝えることで、自分でできたという思いや喜びを感じられるようにする。

72

保育者の援助・配慮

● 暑さで食欲が落ちることが予測されるので、食べる量を加減し、さっぱりとした食べやすい献立で食欲を誘う。

● 皿に手を添えると食べやすいことを伝える。

● 生活や遊びの節目にタイミングよくトイレに誘い、自分から尿意を伝えた時やトイレで排尿した時はともに喜ぶ。

● プールの水温は25℃以上になるようにし、すんなりと水遊びを楽しめるように保つ。

● 水遊び前には、足先から顔へ順番に水をかけて体を慣らし、水の気持ちよさに気づくようにする。

保護者との連携

● 暑さで疲れやすい時期なので、熱、鼻水、湿疹など、園と家庭の様子を伝え合い、健康で過ごせるように確認し合う。

● 排泄の自立に向けて適切な時期であることを共有し、園での排尿間隔やタイミングなどを伝え、お盆休み期間のトイレトレーニングの継続への参考としてもらう。

4月
5月
6月
7月
8月
9月
10月
11月
12月
1月
2月
3月

みりちゃんの振り返り

● 厳しい夏の暑さが続いたが、温水シャワーやプール遊びをして、元気に過ごすことができた。水遊び前後の衣服の着脱は、自分でできることが増え、それが喜びとなっている。前後が逆になる時は、自分で気づいて直そうとするようになった。3歳の誕生日を迎えてからは、「3歳」とうれしそうである。今後も自分でできることを無理なく増やし自信につなげる。

● 暑さにより食欲が落ちることもあったが、量を加減することで食べきることができた。食器に手を添えて食べるようになり、食べこぼしや口のまわりが汚れることはなくなっている。今後は食事エプロンなしでの食事に切り替える。食具の三点持ちが安定してきたので、様子を見てはしを使い始める。

● 排尿間隔が2時間以上空き、パンツで一日過ごせるようになり、順調にトイレトレーニングが進んだが、お盆休み期間に元に戻ってしまった。月末になってパンツで過ごし、トイレで排尿するようになってきた。

● 暑い日が続き、毎日のようにプールに入った。水温が高かったことで、水に抵抗はなく、友だちをまねてワニ歩きやフラフープくぐりなどダイナミックな夏の遊びを楽しむことができた。

8月 個別の計画 | たくみくん （2歳5か月）

子どもの姿

- 自分でああしたい、こうしたいという思いがあってもうまくいかないので悔しがるが、保育者に受け止めてもらうことで落ち着いてくる。
- スプーンやフォークを上から持ったり下から持ったりしながら食べている。
- トイレでの排尿がきっかけとなり、布パンツに興味をもち、おむつの上からはき「見て！」とうれしそうにしている。
- ズボンや靴をはく時に「やって」と言うが、保育者が手伝うと、一人ではこうとする。
- 「もっかい！（もう一回）」「たくみの〇〇」と言うが伝わらないことがあり、思いが言葉にならないもどかしさを感じている。
- ままごとや砂遊びの遊具を使っていて友だちに取られそうになると、「だーめーよー」「たくみの！」とはっきりと拒む。

ねらい

- 意図や願いを言葉や行動で表し、伝わることで安定して生活する。
- スプーンやフォークを使って、喜んで食べる。
- 保育者に促されてトイレに行き、排泄する。
- 着脱や身のまわりのことを、自分でやってみる。
- 保育者や友だちと簡単な言葉のやりとりを楽しむ。

内容（養護・教育）

- 保育者に「じぶんで」や「いやだ」の思いを受け止めてもらうことで、気持ちを表せるようにする。
- 様々な調理形態や味に興味をもち、スプーンやフォークを使って食べる。
- 保育者とトイレに行き排泄し、布パンツで生活することに慣れる。
- 保育者に手伝ってもらい、ズボンやパンツ、靴下などを一人ではこうとする。
- ごっこ遊びや砂遊びなどを通して、友だちと言葉のやりとりを楽しむ。

保育者の援助・配慮

- こうしたい、ああしたいという願いやこだわりを、保育者に受け止めてもらうことで、のびのびと自己発揮できるようにする。
- 「これは何だろうね」「甘いね」など、食材に興味がもてるような話をして食欲をそそる。
- 遊びが楽しく間に合わずにもれてしまうこともあるが、「おしっこ出たね。パンツを替えようね」と声かけし、もれたことを後まで引きずらないようにする。

保育者の援助・配慮

- お気に入りのパンツにこだわりがあるので「今日のパンツはどれにする?」と問い、カゴからお気に入りを選ぶ楽しさを味わえるようにする。
- 衣服は前後がわかるように置いたり、順番に並べたりして着替えやすくする。
- スムーズにいかない時には、「自分でやりたい」という思いを認め、励まし、ポイントや手順をわかりやすく伝え、一緒に行う。
- うまく言葉にならない思いを受け止めてくみとり、応答し、伝わっていると感じられるようにする。
- ままごとやごっこ遊びで、「はい、どうぞ」「おいしいね」などと友だちとやりとりする中で、伝わりにくい場合は、必要に応じて保育者がイメージを伝える。

保護者との連携

- トイレトレーニングの進捗状況を詳しく伝え、布パンツに興味が出てきているので、喜んではけるパンツが排泄の自立に向かいやすいことを確認し合う。
- 帽子をかぶる、ズボンや靴下をはくなど　自分でしようとしている園での様子を伝え、家庭での様子を聞き、一貫した援助を行うようにする。

 書き方のポイント

パンツを選んではく、そんなことが排泄の自立につながっているという子どもの姿を伝えましょう。

4月
5月
6月
7月
8月
9月
10月
11月
12月
1月
2月
3月

たくみくんの振り返り

- 保育者になじんできたため、「これがしたい!」「いやだ」といった自分の意思を出してくれるようになった。子どもの意図に添って求めるところを援助し、居心地よく生活できるようにする。
- スプーンを下から持ち、手首を返して食材をすくえるようになった。三点持ちになるように促すが、楽しくおいしい食事を優先させる方針なので、負担にならないようにする。
- パンツを選んではくことを楽しみ、「お兄さん」になった気分で喜んでいる。もれると「ぬれた」「気持ち悪い」と感じて、尿意を感じるとしぐさや「出る」と言って教えてくれることが多くなった。
- 足がズボンに入らなかったり靴のはき方が難しかったりする時も、自分でやりたいという意欲は強く、諦めずにやろうとするので、見守るようにする。援助する時はさりげなく行う。
- 「どうぞ」「いいよ」「やめて」などやりとりが盛んになったが、伝わりにくいとつい手が出てしまうことがある。すぐに止めないで様子を見ながら、とりなしをする。

9月

前月の子どもの姿と振り返り

Scene 1

振り返りにつながる観察記録

- ☑ 毎日のようにプール遊びをすることができ、ほとんどの子がワニ歩きを楽しむようになった。

- ☑ 暑い日が続いたので、汗をかいた日は温水シャワーを浴び、あせも予防を心がけた。

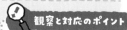

観察と対応のポイント

夏を快適に過ごせるよう、子どもの体調に十分配慮します。

Scene 2

振り返りにつながる観察記録

- ☑ プール前後の服の着替えやたたむことを自ら行い、「できた」という達成感が自信につながっているようだ。

- ☑ 気の合う友だち2、3人とままごとやお店やさんごっこをするようになり、言葉のやり取りが盛んになった。

観察と対応のポイント

友だちとの遊びが十分に行えるよう環境を整えます。

8月の振り返り

● 月の前半は気温が高い日が続いたので、先月に引き続き2歳児に合わせた夏の過ごし方を徹底したことで、熱中症などになることなく過ごすことができた。また、プール後や汗をかいた日は、3歳以上児用のシャワーを借りて温水シャワーを行うことにより、あせもを予防し快適に過ごすことができた。

● 月の前半は天気のよい日が続き、毎日のようにプール遊びなど、この時期ならではの遊びを存分に楽しむことができた。段階を踏みながら水遊びをしたことで、後半にはほとんどの子がワニ歩きをして楽しむようになった。

● プール前後の衣服の着脱やたたみ方を、一人ひとりに目をかけ援助したことで、自分でしようとする気持ちが出て、自分でできるようになった。「できた」という達成感が、自信にもつながっている。

9月の保育のねらい

☑ 夏の疲れや健康に留意し、快適に過ごせるようにする。

☑ 保育者に見守られ、衣服の着替えや排泄など、身のまわりのことを自分でしようとする。

☑ 保育者や友だちと一緒に全身を動かし、様々な運動遊びを楽しむ。

連続性を踏まえて月案を作成

4月
5月
6月
7月
8月
9月
10月
11月
12月
1月
2月
3月

9月 月案

- 大きく体調を崩す子は見られないが、暑さが続き、疲れている様子の子がいる。
- 促されて、あるいは尿意を訴え、トイレでできるようになってきている。
- 園庭の山のぼりや砂場、固定遊具の遊びを楽しんでいる。
- プール前後に衣服の着脱やたたむことを自分でしようとする。

	保育の内容	環境構成
養護 （生命の保持・情緒の安定）	●朝夕と日中の温度差に留意し、活動と休息のバランスをとり、ゆったりと過ごせるようにする。 ●衣服が汚れた時の着替えを自分の力でやろうとしている時は、見守ることで自信をもてるようにする。 ●自己主張が自然なことと感じられるように、一人ひとりの気持ちをしっかり受け止め、保育者や友だちと安定した関係を保って過ごせるようにする。	●残暑が厳しい日は、気温に合わせて着替えや温水シャワーを行い快適に過ごせるようにする。遮光ネットで日陰をつくる。 ●戸外で体を動かすことが多くなるので、カゴに個人用コップを準備しておき、随時、水分補給できるようにする。 ●戸外遊びで汚れた衣服を入れるバケツをベランダに置き、その後、着替えカゴから着替えを取るように配置する。 ●一人ひとりの自己主張をしっかりと受け止めるよう、保育者の雰囲気づくりと時間設定を行う。
教育 （健康・人間関係・環境・言葉・表現）	●スプーン、フォークを三点持ちし、また、はしも使って食事をする。苦手な食べ物も誘われて少しずつ食べようとする。 ●着替えカゴから衣服を選び、着替えようとする。 ●尿意や便意を知らせ、トイレに行き排泄しようとする。 ●パンツやズボンを自分で下ろして排泄しようとする。 ●友だちとヒーローごっこや乗り物ごっこを楽しむ。 ●走る、跳ぶ、上る、引っ張る、投げる、蹴るなど全身を使った運動遊びを楽しむ。 ●運動会（かけっこ、親子競技、遊戯）に参加する。 ●秋の草花（ネコジャラシ等）や、秋の虫（バッタ、コオロギ等）に触れて楽しむ。 ●歌をうたったり、曲やリズム（「パプリカ」「とんぼのめがね」「どんぐりころころ」「むしのこえ」）に合わせて体を動かしたりして遊ぶ。	●「全部食べた」という満足感をもてるように、一人ひとりの食べる量に合わせた盛り付けにし、おかわりも準備する。 ●スプーン、フォークとはしを出し、その中から選んで使うようにし、はしにも慣れる。 ●自分で選べるように、衣服を広げ、選びやすく並べる。 ●幼児トイレのスリッパやトイレ内の点検を行う。 ●ごっこ遊びが楽しめるように、お面や必要な用具を作る材料を準備する（紙、新聞紙、段ボール、ガムテープ等）。 ●運動遊びに必要な遊具や固定遊具のねじの緩みやささくれがないかなど、安全点検を行う。 ●室内で運動遊びをする際は、室内ばきをはく。 ●当日、泣くなどの姿が予測される子については、集合時間より早めに登園し、気持ちの準備ができるように対応する。 ●拾った自然物を入れる容器（ゼリーカップ、手作りポシェット等）や、飼育ケースを用意して、観察したり触れたりする場所を設定する。 ●秋の虫に関する絵本や図鑑を手の届くところに置く。 ●運動会に向けた体操や遊戯のCDやポンポンを準備し、楽しめるようにする。

保育のねらい

☑夏の疲れや健康に留意し、快適に過ごせるようにする。

☑保育者に見守られ、衣服の着替えや排泄など、身のまわりのことを自分でしようとする。

援助・配慮事項

● その日の一人ひとりの体調に応じて、室内と戸外での活動を分ける。

● 運動会に向けて戸外での活動が長くなるので、休息と水分補給の時間を設ける。日差しが強い場合には、日陰のある砂場や遮光ネットの下で過ごせるようにする。

● 腰をかけたり、衣類を広げたりできるスペースを確保し、一人ひとりが自分のペースで着替えられるようにする。

● おやつや食事などの時に、強く自己主張する場合、状況に合わせて、その子の気持ちが落ち着き納得するまで関わり、その後で食事をゆっくりとれるように時間に配慮する。

● 苦手なものでも、保育者や友だちがおいしそうに食べる姿を見せたりするが、無理強いはしない。少しでも食べられたらほめる。

● 親指と人さし指を立ててスプーンやフォークを下から持ち、中指を軽く添えるように、三点持ちの方法を知らせ、食事をする。

● 「できない」「して」などと言う時には、手を添えるなど必要な援助を行う。

● パンツやズボンをひざまで下ろすように伝え、保育者がそばで見守り、立つ位置や便座に座る位置を知らせる。

● 子ども同士がなりきって遊び、やりとりする様子を見守り、必要な場合は仲立ちし、子ども同士で遊ぶ楽しさを味わえるようにする。

● 運動遊びでは、やってみたいという気持ちを大切にし、一人ひとりの運動能力や興味を保育者間で共通理解し、安全に活動できるようにする。

● 親子競技は、子どもたちがイメージしやすい動物をテーマにし、楽しめるようにする。

● 秋の自然に触れる中で、保育者が感じたことを伝え、子どもの気づきを受け止め共感する。

● 2歳児に合わせたリズムと体を動かしたくなる曲を選び、保育者が楽しそうに踊る。朝や夕方の時間もホールで曲を流し、3歳以上の子の姿をまねて楽しめるようにする。

個別の計画へ

👤 職員の連携

● 子どもの興味に応じた運動遊びができるよう、用具や用品を準備し、安全点検を確実に行う。

● 一人ひとりへの身のまわりのことへの援助の仕方を保育者間で話し合う。

👪 保護者との連携

● 夏の疲れが出てくる時期なので、一人ひとりの体調の変化に留意し、初期症状に対応できるようにする。

● 運動量や活動量が多くなるので、動きやすい服装をお願いするとともに、着替えを多く準備してもらう。

● 一人ひとりの運動遊びの様子を伝え、運動会後に子どもの成長を喜び合えるようにする。

振り返り

● 夏の疲れや気温差により体調が崩れたり、感染症にかかる子も見られたが、普段と違う様子から迅速に対応することができた。また、暑い日には遊ぶ場所や時間に配慮し、水分補給をこまめに行ったり、温水シャワーで汗を流したり、健康的に過ごすことができた。

● 先月までの水遊びで衣服の着脱に取り組んだことで、「自分でしよう」という気持ちが高まり、衣服が汚れたりぬれたりすると、自分で着替えを取り出し着替えようとする姿が見られた。

● 様々な運動用具に触れ、体を動かす楽しさを味わうとともに、何度も挑戦することで達成感を味わっていた。運動会当日は、いつもと違う雰囲気に緊張したり、泣いたりもした。「夏までにはクラスの子どもたちと信頼関係を築き、運動会では泣かないで参加する」という目標のもと保育をしてきたので反省が残る。来月始めのクラス替え後、保育を見直し信頼関係を築き深める。12月の発表会では全員が泣かないで参加できるようにしたい。

4月
5月
6月
7月
8月
9月
10月
11月
12月
1月
2月
3月

⁹月 個別の計画 ｜ みりちゃん（3歳0か月）

子どもの姿

● 暑い日が続いたが、体調を崩すこともなく元気に過ごした。衣服の着脱は自分でできることが増え、水遊びの後には衣服の前後に気づいて自分で直そうとする姿も見られる。3歳になったことがうれしく、「みり、3歳だもん！」と喜んでいる。

● スプーンとフォークの三点持ちが安定し、食器に手を添えるようになり、食べこぼしや口のまわりが汚れることは少なくなった。

● 自ら尿意を知らせ、トイレで排尿できるようになったが、お盆休み明けにおむつに戻った。後半より、パンツをはきトイレで排尿する。排便はおむつにしている。

● プール遊びでは、ワニ歩きやフラフープくぐりなど、友だちと一緒に、思いきり夏の遊びを楽しんだ。

● 園庭で季節の草花を摘んでケーキやさんごっこをし、プリンを作って「どうぞ」「食べて」と言葉のやりとりを楽しんでいる。

ねらい

● 一人でやりたいことがはっきりしているので見守り、達成感や満足感を十分味わえるようにする。

● 食器に手を添え、スプーン、フォーク、はしを使って食事しようとする。

● 尿意や便意を知らせ、自らトイレに行き排泄しようとする。

● 友だちと一緒に、様々な運動遊びを楽しむ。

内容（養護・教育）

● 「3歳になった」喜びを受け止め、何でも自分でやりたいという気持ちに寄り添い、自分でできるようになることの誇らしさを味わえるようにする。

● スプーン、フォーク、はしの中から好きなものを選び、様々な食具を使って食べる。

● 尿意だけではなく、便意も知らせ、トイレに行き排泄しようとする。排尿後は、トイレットペーパーを使って自分で拭こうとする。

● 技巧台やマットを使って保育者や友だちと一緒に全身を使う遊びを楽しむ。

保育者の援助・配慮

● 残暑が厳しい日は水分補給や活動と休息のバランスをとるとともに、温水シャワーなどをして快適に過ごせるようにする。

● スムーズに着ることができなくても一人で着たいという時は、最後まで自分で着るように待ち、達成感を味わい、次への興味・関心へつなげる。

● こぼさずに、口や手も汚さずに食べられるので、食事用のエプロンなしで食べることの誇らしさを味わえるようにする。

80

- 「はしはこうやって持つんだよ」と三点持ちを示し、はしを使ってみようとする気持ちをもてるようにする。
- 体を動かす遊びが増えるので、おなかがすいたタイミングで食事のメニューを伝え、より食事を楽しみにできるように声をかける。
- 苦手なものでも、保育者や友だちがおいしく食べている姿を見たり、食材の話をしたりして、少しでも食べられた喜びに共感し、また食べてみたいという気持ちにつなげる。
- 便意をもよおした時には、トイレで排便するように促し、「トイレでうんちすると気持ちいいよ」と声をかけ誘う。
- トイレットペーパーは、切ってたたんだものを置き、自分で取って拭けるようにする。仕上げは保育者が行う。
- 運動遊びにも挑戦しようという気持ちが湧いてくるような環境を準備する。
- 「したくない」「できない」「負けたくない」など、気持ちが揺れてから立て直すプロセスにおいて、保育者にくやしさが伝わっていると感じられるように関わる。

保育者の援助・配慮

保護者との連携

- 運動量や活動量が多くなるので、動きやすい服装であるとともに、着替えを多く準備してもらう。
- 自分でしたい、できるというこだわりや願いへの対応や運動遊びの様子を伝える。また、日々成長していると思われる事柄を伝え、ともに喜び合う。

みりちゃんの振り返り

- 夏の疲れが出てきたこと、朝夕と日中の気温差が大きかったことにより、風邪の症状が見られたものの、ひどくならずに過ごすことができた。遊んで汚れた服は、自分で着替えカゴから着替えを取り出し、一人で着替えようとする。しかし、カゴかごから衣服をスムーズに取り出せないといら立つので、取り出しやすいようにたたんでおくようにする。
- 食事エプロンなしで、こぼさないで食事できるようになったことをほめると、「みり、お姉ちゃんだもん」とうれしそうである。中旬より、はしも並べて置くようにしたが、手にとってうまく使えず、その後「はし、いらない」と言って使いたがらない。タイミングが早かった。
- 急に涼しくなったこともあり、排尿間隔が短くなり、もれてしまうこともある。中旬ごろ、うまくタイミングが合い、初めて園のトイレで排便でき、家庭でもトイレで排便できるようになった。
- ボルダリングやかけっこなど、様々な運動遊びをしたことで、足腰が強くなっている。今後、全身を動かして楽しんでいきたい。

9月 個別の計画 | たくみくん （2歳6か月）

子どもの姿

- 少し先のことをイメージし、「次は○○に行こうね」「今度は○○で遊ぼうね」などと言うようになり、見通しをもてるようになってきた。

- スプーンやフォークを三点持ちで食べるようになったが、食材をうまくすくえない時は手でつかんで食べる。

- パンツをはいて登園してくると、「見て！」と得意げに見せている。もらすことはほとんどなくなり、「トイレ行く」と伝える。トイレで排尿するとうれしそうにしている。

- パンツやズボンに前・後があることがわかり、「こう？」と確認する。スムーズにはけないといら立ち、「できない」と機嫌が悪くなる。

- ごっこ遊びの中で、友だちと同じもの、同じことをしたいとトラブルになるが、保育者のとりなしで折り合えるようになってきた。

ねらい

- 前月の遊びをイメージし、楽しみに登園し、楽しく過ごせるようにする。

- スプーンやフォークを使って食べる。

- 自らトイレに行き、排尿する。

- 身のまわりのことを自分でしようとする。

- 保育者や友だちと言葉のやりとりを楽しむ。

内容（養護・教育）

- 保育者、友だちと一緒に好きな遊びをすることを楽しみに登園する。

- スプーンやフォークを三点持ちで、楽に食べる。

- 尿意を伝えトイレで排尿し、パンツをはいて過ごす。

- 自分のカバンや着替えなどを所定の位置に片づける。衣服の裏表、前後がわかり、印を見て一人で着ようとする。

保育者の援助・配慮

- 生活や遊びの中で「明日も一緒に…」「ポポちゃんはここにおいておこうね」など、見通しをもつようになったので、登園が楽しみになるよう環境の継続性に留意する。

- 食材を楽にすくって食べられるように、三点持ちを「バンバンの手だよ」と親指と人差し指を立てて見せる。

- 尿意や便意を伝えてきた時には、「教えてくれたの、うれしいなあ」と応え、トイレで排尿し気持ちよさを味わえるようにする。

 **書き方のポイント**

遊びの連続性も大切なことです。「起きたらまたできる」「明日も続きをしよう」と思えるような環境設定を大切にします。

保育者の援助・配慮

- 排尿後について、ロール式のトイレットペーパーは手を添えて切り、拭き、水を流し、手洗いをするという手順を、保育者と一緒に行う。

- 自分のもち物の片づけや食事前後の整理は、一人でしようとしている時には時間がかかっても待ち、スムーズにできそうもない時は保育者が援助する。

- 自分で着替えようと衣服の前後や表返しの仕方を考えながら行っているので、先まわりするような言葉かけはしない。

- じっくりと話を聞き、「～だったの？」と具体的に問いかけ、子どもの気持ちが出やすいようにする。

- 遊びの場面で生じるトラブルの仲立ちは双方の意図を代弁して伝え、子どもなりに気づき、考える機会であるようにする。

保護者との連携

- トイレトレーニングについて園での現状を詳しく伝え、トイレで排泄した時はともに喜び合うが、もらしても叱らないことなど、園と家庭で一貫して関わるように話し合う。

- 保育者や友だちとの会話や微笑ましいやりとり、エピソードを話す。また、遊びの中で友だちの名前が頻繁に出てくるようになったことを伝える。

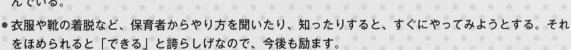

たくみくんの振り返り

- 前の日に「明日は〇〇しようね」と保育者との約束があることで、喜んで登園できた。

- 「バンバンの手（鉄砲のように）だよ」と具体的にわかりやすく伝えると、理解しやすくなったようで、三点持ちで食べられるようになり、使いこなせる日も近い。

- 「しっこ！」と言ってトイレに向かい、ズボンを脱ぎ排尿する。排便もタイミングが合えばトイレですることもあった。仲よしの友だちがパンツになったことも大きな刺激となり、同じようにパンツをはき一緒にトイレに行くことを喜んでいる。

- 衣服や靴の着脱など、保育者からやり方を聞いたり、知ったりすると、すぐにやってみようとする。それをほめられると「できる」と誇らしげなので、今後も励ます。

- 「お買い物、バイバーイ！」「くまさん、ねんね」とままごとの中では二語文を話し、遊びが盛り上がる継続時間が少し長くなってきた。

4月
5月
6月
7月
8月
9月
10月
11月
12月
1月
2月
3月

10月

前月の子どもの姿と振り返り

Scene 1

振り返りにつながる観察記録

☑ 運動会当日は、いつもと違う雰囲気や緊張からか泣き出す子がいた。

☑ 全身を使う運動遊びを楽しみ、食欲も増している。

⚠ 観察と対応のポイント

2歳児だからこその運動会当日の子どもの気持ちをとらえましょう。

Scene 2

振り返りにつながる観察記録

☑ 夏の疲れや気温差で体調を崩す子がいた。子どもの変化をとらえ、早期に対応することができた。

☑ 休憩や水分補給は、日中だけでなく、一人ひとりの降園時間までこまめに行った。

⚠ 観察と対応のポイント

症状の出やすい子、出にくい子がいるため、日々、子どもの様子に気を配ります。

9月の振り返り

- 夏の疲れや気温差により体調が崩れたり、感染症にかかる子も見られたが、普段と違う様子から迅速に対応することができた。また、暑い日には遊ぶ場所や時間に配慮し、水分補給をこまめに行ったり、温水シャワーで汗を流したり、健康的に過ごすことができた。

- 先月まで水遊びで衣服の着脱に取り組んだことで、「自分でしよう」という気持ちが高まり、衣服が汚れたりぬれたりした場合は、自分でカゴから着替えを取り、着替えようとする姿が見られた。

- 様々な運動用具に触れ、体を動かす楽しさを味わうとともに、何度も挑戦することで「できた」という思いをもち自信につながった子が多くいた。運動会当日は、いつもと違う雰囲気に緊張で固まったり、泣いたりする姿も見られた。「夏までにはクラスの子どもたちと信頼関係を築き、運動会では泣かないで参加する」という目標のもと保育をしてきたので反省が残る。来月始めのクラス替え後、保育を見直し信頼関係を築き深める。12月の発表会では全員が泣かないで参加できるようにしたい。

10月の保育のねらい

☑ 季節の変化や気温差に留意しながら、健康に過ごせるようにする。

☑ 手洗いやうがい、鼻を拭くなどの身のまわりのことに関心をもち、自分でしようとする。

☑ 秋の自然に触れ、体を動かして戸外遊びを楽しむ。

連続性を踏まえて月案を作成

4月

5月

6月

7月

8月

9月

10月

11月

12月

1月

2月

3月

10月 月案

保育の内容	環境構成
養護（生命の保持・情緒の安定）	
●朝夕の気温差に留意し、衣服の調節などで健康管理を行い、元気に過ごせるようにする。	●戸外に出る際、寒い日は上着を着るなど衣服の調節をし、元気に過ごせるようにする。
●保育者と一緒に手洗いやガラガラうがいの仕方を丁寧に伝えながら、きれいにする気持ちのよさを感じられるようにする。 ●保育者と一緒に鼻水を拭く。	●手洗いやうがいの前には、保育者が先に水場についてぬれないように袖をまくるなど、一人ひとりを確認しながら一緒に洗う。 ●ティッシュペーパーは子どもの手の届くところに置き、鼻を拭いたらすぐに捨てられるようにゴミ箱を置く。
教育（健康・人間関係・環境・言葉・表現）	
●食器に手を添えて、スプーン、フォーク、はしを下から三点持ちして食べる。	●スプーン、フォーク、はしを出し、選んで使って食べる。
●尿意や便意を知らせ、パンツとズボンを自分で下ろしてトイレに行き排泄する。	●トイレ内の温度を快適に保ち、便座をあたたかくする。
●気の合う友だちと模倣遊びやごっこ遊び（ヒーローごっこ、おうちごっこ、お祭ごっこ等）をする中で、一緒に遊ぶ楽しさを味わう。	●遊びをイメージしやすい小物や道具（お面、剣、お獅子、たいこ等）を準備する。また、遊びがさらに楽しめるものをその場で作れるように材料（紙、新聞紙、段ボール、ガムテープ等）をそろえる。
●全身を使った遊び（「もぐら山」登り、鉄棒、柱登り、タイヤジャンプ等）を楽しみ、様々な動きに挑戦しようとする。	●子どもが挑戦してみたいと意欲的に取り組める遊具を準備し、発達に合わせて組み合わせる。
●近隣駅や神社などへの園外散歩を楽しむ。	●保育者は安全旗を持ち、リュックサックに、携帯電話、救急セット、名簿、着替えを入れて準備する。
●落ち葉や木の実などの自然物を使って遊び、秋の虫に触れて楽しむ。	●拾った自然物を入れる容器、ごっこ遊びや見立て遊びに使える用具を用意する（カップ、シャベル、ふるい等）。 ●秋の虫をつかまえて楽しめるように、網や飼育ケースを用意する。

保育のねらい

☑季節の変化や気温差に留意しながら健康に過ごす。

☑手洗いやうがい、鼻を拭くなどの身のまわりのことに関心をもち、自分でしようとする。

☑秋の自然に触れ、体を動かして戸外遊びを楽しむ。

援助・配慮事項

● 季節の変わり目で気温差が大きく体調を崩しやすいので、鼻水やせきが出始めた時には、戸外から早めに室内に戻り、室内でゆったりと過ごせるようにする。

● 食事前や戸外から戻った時に、見えないけれど汚れていることを伝え、手洗いやガラガラうがいをする大切さを伝える。

● 石けんはワンプッシュで手のひらに出すことや、手のひら、手の甲、指の間、指、手首を順番に洗うことを、保育者が具体的な動作を見せ一緒に洗い、くり返し伝える。

● 鼻水が出ていることを知らせ、保育者が拭いてもいいかを聞き、ティッシュを半分に折って鼻に当てて拭く。

● スプーン、フォーク、はしを交互に使って食べる。食材に応じて使い分けたりする。

● 保育者も一緒にトイレについて行き、必要に応じてパンツ・ズボンなどがぬれないように援助したり、自分でパンツやズボンを下ろして排泄するのを見守る。

● 切る、貼るなどの製作時には、危険のないようそばにつくようにする。

● まねることができるように、年長児の遊ぶ姿やごっこ遊びの姿がよく見えるような時間や場所を設定する。

● 子どもたちの成長に合わせて靴のサイズを見直し、はきやすく歩きやすい靴を用意してもらう。

● 友だちと一緒に取り組んだり、友だちの姿を見たりする中で感じる思いを受け止め、またやってみようという意欲につながるように関わる。

● 散歩の出発前に、「保育者の後ろをついて歩くこと」「道路に飛び出さないこと」「友だちと手をつないで歩くこと」を話す。

● 子どもたちのつぶやきや発見に耳を傾け、園外散歩ならではの発見を楽しめるようにする。

● 見る、さわる、においをかぐなど、五感を使って秋の自然を感じる中で、興味や気づき、楽しさを受け止め共感する。

個別の計画へ

書き方のポイント

移動による子どもの姿を明確にすると、保育者の連携のポイントがあきらかになります。

職員の連携

● 保育室が「3歳以上児棟」に移動するため、一人ひとりが安心して過ごせるように、保育者同士の役割分担やクラスの運営の方法、個別に必要な配慮などを十分に話し合う。

● 子どもたちの行動範囲が広がるため、大きな園庭やホールに出る時の人数把握の徹底と使用する遊具の使い方の確認を行い、安全に過ごせるようにする。

保護者との連携

● 保育室の移動に対して、送迎時や連絡帳を通して様子を伝え合うことで安心できるようにする。

● 内科検診の結果を伝え、健康状態について家庭連絡を行う。

4月
5月
6月
7月
8月
9月
10月
11月
12月
1月
2月
3月

振り返り

● 鼻水、せき、発熱など体調が崩れる子が見られたが、連絡帳や送迎時を通して家庭と健康状態を伝え合い迅速に対応したことで、ひどくならずに過ごすことができた。

● 手洗いは、石けんの量や洗い方、ペーパータオルの丸め方などを、保育者が一緒に行うことで意識してできるようになってきた。うがいは、うまくガラガラとできなくても、毎日まねているうちに気づくと考え、継続する。

● 天気がよい日は戸外に出て遊び、大きい園庭で、体を動かしてのびのびと楽しむことができた。先月は、体を動かすことに抵抗を示していた子も、友だちが楽しむ姿から、まねをして体を動かして楽しむ姿が見られた。まつぼっくりや木の実、葉っぱを集めて家へ持ち帰ることを喜んだり、自然物を使ってごっこ遊びを楽しんだり、つぶす、においをかぐなど五感で感じる姿が見られた。また、トンボやバッタ、カマキリ、コオロギなど昆虫にたくさん触れて観察をする姿も見られた。

10月 個別の計画 みりちゃん （3歳1か月）

子どもの姿	● 気温差などにより風邪症状があったが、休まなければならない状況には至らず登園できた。 ● 衣服が汚れると、着替えカゴから着替えを取り出し、一人で着替えようとする。着替えカゴからスムーズに衣服を取り出せないと、もどかしがっている。 ● 口や手を汚さず、こぼさないで食べられるようになり、エプロンなしで食べられることを喜んでいる。 ● スプーンとフォークの三点持ちが安定してきたので、中旬より、はしも一緒に並べたが、うまく使えず食べにくいので、はしを使いたがらなくなった。 ● 急に涼しくなったためか、排尿間隔が短くなり、もれることが増えてきたが、トイレで排便できたことがきっかけとなり、家庭でもトイレで排便できるようになった。 ● ボルダリングに挑戦し、一番上まで素早く登る。 ● 型取った砂に秋の草花を飾ってケーキやプリンを作り、ケーキやさんごっこを楽しんでいる。 
ねらい	● クラス編成替えによる戸惑いの要因を把握し、保育者との関係を密接にし、心地よく過ごせるようにする。 ● スプーン、フォークを使いこなし、楽しく食べる。 ● 尿意や便意を知らせ、トイレに行き、排泄しようとする。 ● 手洗いやうがいに関心をもち、自分でしようとする。 ● 秋の自然に触れ、友だちと関わって戸外遊びを楽しむ。
内容（養護・教育）	● 保育者をよりどころにして、新しい友だちに慣れるようにする。 ● 献立に応じて、スプーン、フォークを使いこなし、はしも使って食べてみる。 ● トイレに行き排泄し、排尿後はトイレットペーパーを切って始末しようとする。 ● 食事前や戸外から帰ってきた時に、手洗いやうがいをすることが定着する。 ● 落ち葉、木の実などの自然物を使ったり、秋の虫に触れたりして遊び楽しむ。
保育者の援助・配慮	● 朝夕の気温差に配慮し、衣服の調節や活動内容・時間を考慮し、健康に過ごせるようにする。 ● クラスのメンバーが変わったことでの戸惑いを受け止め、「あなたの思いはわかるよ」と寄り添っていく。 ● スプーン、フォーク、はしを並べて置き、保育者や友だちがはしを持って食べる姿を見て使いたくなった時に使えるようにする。

保育者の援助・配慮

- 寒くなり、もらすことがあるので、「寒かったもんね。次におしっこ出たくなった時は教えてね」ともれたことが負のイメージにならないように配慮する。

- 必要なトイレットペーパーの長さがわかるように、ホルダーの下にキリンの首のイラストを貼って、自分で切って取れるようにする。

- 手を洗うと「ばい菌があわてて逃げていくかも」などとイメージしやすい言葉とともに、手洗いやうがいの意味を伝える。

- 石けんはワンプッシュで手のひらに出すこと、手のひら、甲、指の間、指、手首を順に洗うこと、水を口に含み上を向いて「あー」とうがいをすることを、保育者と一緒に行う。

- 拾った木の実を入れる容器、ごっこ遊びに使える用具（外用テーブル、いす、皿等）を準備する。また、さわる、つぶす、においをかぐなど、秋の自然を体感、気づき、発見する。

- 年長児が虫をつかまえているのを見ている時は、保育者が虫に親しみをもって触れて見せ、子どもが触れたり観察したりできるようにする。

保護者との連携

- クラス再編成後の生活や遊びの様子を伝えるとともに、子どもの家庭での生活への影響や変化などを確認する。

- 新しい友だちとの生活について、保育者の援助の観点や配慮していること、日々の様子などを詳しく伝え、安心感をもてるようにする。

4月
5月
6月
7月
8月
9月
10月
11月
12月
1月
2月
3月

📝 **書き方のポイント**

いつも通りに生活し遊んでいるように見えても、微妙な変化があるのかもしれません。その変化を読み取ることが大切です。

みりちゃんの振り返り

- クラス再編成後も、担任と保育室が変わらなかったことで、予想していたほどの戸惑いはなく、以前と変わらずに過ごすことができた。ほかのクラスだった子を、「だめ」「来ないで」と拒んでいるのは、知らない子どもとの関わりはスッとできないということのあらわれである。保育者も一緒に遊びながら、なじんでいけるようにした。

- はしは使いたがらず、スプーン、フォークを使って食事をしている。今後、はしを使っている友だちをまねて、はしを使おうとするのを待つ。

- 寒さからか、おもらしをし、パンツをはきたがらなくなった。保護者とも相談し、一時的におむつに戻し、様子を見ることにした。おむつをはいていても、自分から尿意を知らせトイレで排尿する。パンツをはきたい気持ちになった時に再開する。

- 園庭では容器に実や草花を集め、ままごとやお店やさんごっこをして遊んだ。葉っぱをお金に見立ててやりとりをしたり、言葉でのやりとりを楽しむ姿が見られる。今後も用具を工夫するなど、さらにごっこ遊びを楽しめるように考える。

子どもの姿	● 「たくみがする！」と、友だちを世話したがることが多くなってきた。 ● 近くの友だちに「お兄さん持ちできるよ！」とスプーンやフォークの持ち方を見せ、「こうやって持つよ」と友だちに教えたりする。 ● 午睡時は布パンツで寝ており、もらすことはなくなった。「トイレ、出る」と伝える。排便時も踏ん張って排便する。 ● ままごとでは「赤ちゃん、ねんね」と言い、トントンと人形を寝かしつけ、お父さんや保育者になりきっている。 ● 運動会で行ったかけっこがきっかけとなり、運動遊びを好むようになった。保育者の手を握りながら平均台を渡ることも、楽しんでいる。 
ねらい	● やりたがることはできるまで待ち、一人でできたという達成感を味わえるようにする。 ● スプーン、フォークを使って自分のペースで最後まで食べる。 ● 尿意や便意を感じたら、トイレに行き排泄する。 ● 保育者や友だちと見立て遊びやごっこ遊びを楽しむ。 ● 体を動かして遊ぶことを楽しむ。
内容（養護・教育）	● やってみようとする思いを受け止め、励まし、自分でできることのうれしさを味わえるようにする。 ● 献立や食材の形態に応じて、スプーンやフォークを使いこなして食べきる。 ● 尿意を感じたらトイレに行き、便意をもよおしたら保育者に伝え、トイレで排泄する。 ● 身近な出来事や経験したことを話し、言葉のやりとりを楽しむ。 ● 全身を使って走る、跳ぶ、登る、引っ張るなどの遊びを楽しむ。
保育者の援助・配慮	● 手洗いは保育者と一緒に手のひら、手の甲、指の間を洗い、手拭きまでの手順をくり返し行い、身につくようにする。 ● 鼻をかむ時は両手で鼻に手を当ててかむのを見守り、拭き残しは保育者が拭くようにする。 ● 食器に手を添えると、スプーンやフォークですくいやすく、食べやすくなることを経験する。 ● 尿意はぎりぎりに伝えるので、素早く応じ、排尿することの気持ちよさを味わえるようにする。

<table>
<tr><td rowspan="1" style="writing-mode:vertical-rl">保育者の援助・配慮</td><td>

● 長袖やジャンパーの着脱では、腕を通すことは一人で行えるので、できるところまでを見守り、ファスナーを閉めるなどは援助する。

● 「お父さんですか?」「赤ちゃん、おなか、すいたかな〜」など、必要な時だけ声かけする。

● 子ども同士の関わりを見守り、トラブルが生じた場合は、互いの思いに気づけるように仲立ちとなる。

● 様々な運動遊び（太鼓橋、トンネルくぐり、マット、フープ、ボルダリング等）を用意すると子どもなりの遊び方をするので、その様子を見ながら様々な体験ができるようにする。

</td></tr>
</table>

書き方のポイント

保育者に憧れる思いがまねることにつながることをふまえ、援助や配慮のあり方を考えます。

保護者との連携
● もらすことが少なくなり、尿意や便意を伝えるようになってきたが、定着しているわけではないので、トイレに誘うタイミングを工夫し、家庭と一貫した働きかけをする。 ● 「自分で」という気持ちがある一方で、甘えもあるので、自立と依存を行きつ戻りつするのが発達の過程であることを保護者とともに共通理解し、甘えも受け入れてもらう。 ● 手洗い、うがい、鼻をかむなど、生活に必要な営みへの取り組みと子どもの姿を伝える。

たくみくんの振り返り

● 鼻水が出ると、「鼻!」と言って保育者に教えたり、自らティッシュを持って拭いたりできるようになり、使用後はゴミ箱に捨てるようになった。

● ジャンパーの袖は通すが、ファスナーを閉めるのはまだ難しい。自分でできるところ、仕上げ援助が必要なところがあるので、できるという満足感を味わえるように援助のタイミングを工夫する。

● 食器を持って食べるとこぼさず、食べやすいことがわかり、片手を添えて食べるようになった。スプーン、フォークは器用に使いこなせるようになったので、時期を見てはしへの移行を考える。好みの食べ物は素早く食べるが、好まないものは食べようとしない。

● 排尿、排便ともに完全自立となり、自分の行きたいタイミングで「トイレ行く」と教え、排尿後の始末など、ほとんど自分でできるようになった。

● バンダナ、エプロンをつけてかき混ぜたり、皿に盛りつけたりなど、ごっこ遊びではイメージを広げた。ろく木、太鼓橋、ボルダリングは友だちをまねてチャレンジした。楽しいと思ったことは、何度もくり返し遊んでいた。

4月
5月
6月
7月
8月
9月
10月
11月
12月
1月
2月
3月

11月

前月の子どもの姿と振り返り

振り返りにつながる観察記録

☑一日のうちの気温差が大きく、鼻水、せき、熱で体調を崩す子が見られた。お便りノートを使い、保護者と毎日、健康状態を伝え合うことで、症状がひどくならずに過ごすことができた。

 **観察と対応のポイント**

園や家庭での子どもの体調変化を保護者と共有します。

振り返りにつながる観察記録

☑秋晴れの日は戸外で遊び、まつぼっくりや木の実、葉っぱを集めて遊んだ。

☑トンボやバッタなどの昆虫に興味をもち、図鑑を見たり熱心に飼育観察したりする姿が見られた。

観察と対応のポイント

秋の自然を、子どもが五感を通して体感している様子をとらえます。

10月の振り返り

- 季節の変わり目により鼻水、せき、発熱など体調が崩れる子が見られたが、連絡帳や送迎時を通して家庭と健康状態を伝え合い迅速に対応したことで、ひどくならずに過ごすことができた。

- 手洗いは、石けんの量や洗い方、ペーパータオルの丸め方などを、保育者が具体的な動作を見せたことで、子どもたちも以前より意識して手洗いするようになってきた。うがいは、まだうまくガラガラとできない子もいるので、今後も保育者のうがいの様子を見ながら、清潔や風邪予防の習慣を身につけられるようにする。

- 天気がよい日は戸外に出て遊び、大きい園庭で体を動かしてのびのびと楽しむことができた。先月は体を動かすことに抵抗を示していた子も、友だちが楽しむ姿から、まねをして体を動かして楽しむ姿が見られた。まつぼっくりや木の実、葉っぱを集めて家へ持ち帰ることを喜んだり、自然物を使ってごっこ遊びを楽しんだり、つぶす、においをかぐなど五感で感じる姿が見られた。また、トンボやバッタ、カマキリ、コオロギなど昆虫にたくさん触れて観察をする姿も見られた。子どもたちの言葉・気づきを大切にして、ともに秋探しを楽しむことができた。

11月の保育のねらい

- ☑ 季節の変化に伴う気温差に留意しながら、寒さの中でも健康に過ごせるようにする。

- ☑ 保育者や友だちと一緒にリズム遊びや模倣遊び、ごっこ遊びなどで、表現する楽しさを味わう。

- ☑ 秋の自然に触れながら、自然物を使って遊ぶ。

連続性を踏まえて月案を作成

11月 月案

- 幼児保育室での生活に慣れ、開放的な空間で、元気に過ごすことができている。
- 気の合う友だちとヒーローごっこやお祭りごっこ、おうちごっこなどの模倣遊びやごっこ遊びを楽しんでいる。
- 園庭で三輪車乗り、固定遊具などでの様々な動きを好み、全身を使って遊んでいる。

	保育の内容	環境構成
養護（生命の保持・情緒の安定）	● 寒くなってくるので、衣服の調節、風邪予防のための手洗いやうがいをする。	● 気温に応じて衣服を調節し、保育室の温度（20〜23℃）を保つ。
	● 気づいたこと、感じたことをありのままに言葉や身体表現ができるようにする。	● 生活や遊びの場に子どもにとって新鮮と感じる空間やおもちゃなどを準備し、子どもが気づき、発見するようにする。
	● 鼻水が出たら知らせ、拭くことができるようにする。	● 使いやすいようにティシュペーパーとゴミ箱を置き、自分で拭いて捨てられるようにする。
教育（健康・人間関係・環境・言葉・表現）	● 戸外に出る時は、自分で上着を着ようとする。	● 上着を見つけやすく、手の届く場所に、着やすいように置く。 ● 寒いと体がどうなるのか、子どもなりにわかる体の変化などを知る絵本やイラストを備える。
	● 歯みがき後は、ブクブクうがいをしようとする。	● コップに入れる水の適量がわかりやすいように、見本を置く。 ● 子どもの動線に合わせて歯みがきの場所や方法を見直し、水場が混雑しないようにする。
	● スプーン、フォーク、はしを使って食べる。	● 食材やメニューに合わせて自分で食具を選び使えるように、スプーン、フォーク、はしを用意する。
	● 自分からトイレに行き排泄し、保育者の声かけで手洗いをしようとする。 ● パンツ、ズボンを自分で下ろして排泄しようとする。	● トイレや手洗い場はあたたかく気持ちのよい場所であると感じ、便器へスムーズに移動できるように整える。
	● 保育者や友だちと簡単なルールのある遊びを楽しむ（「むっくりくまさん」等）。	● 自由に動ける広い空間で、手をつなぐなど、ふれあって遊べるようにする。
	● 落ち葉や木の実に見たり触れたりする中で、色や形、大きさなどに興味をもち、集めて楽しむ。	● 落ち葉などを集め、家へお土産にすることを楽しめるように、一人ひとりのお散歩バッグ（牛乳パックのバッグ）を用意する。
	● 近隣の公園や施設などへの散歩を楽しむ。	● 下見を行い、リュックサックに、携帯電話、救急セット、名簿、着替えを入れて準備する。
	● 保育者や友だちと一緒に歌をうたったり、音楽やリズムに合わせて楽器を鳴らしたりして楽しむ。	● リズム遊びを楽しめるように、楽器（スズ、タンバリン、カスタネット、ウッドブロック等）の数を十分に用意する。

保育のねらい

- ☑ 季節の変化に伴う気温差に留意しながら、寒さの中でも健康に過ごせるようにする。
- ☑ 保育者や友だちと一緒にリズム遊びや模倣遊び、ごっこ遊びなどで、表現する楽しさを味わう。

援助・配慮事項

- ● 朝の健康観察（顔色、鼻水、せき）で確認し、個々の体調に合わせた生活をする。

- ● 一人ひとりの微かな表現にも共感し、子どものイメージがさらに膨らむようにする。

- ● ティッシュを鼻に当て、口を閉じて「フン」とすることを伝える。保育者が手を添えて一緒に行う。

- ● ファスナーやボタンも自分でしようする様子を見守るとともに、求められた時には援助する。

- ● 石けんやペーパータオルの使い方、手洗いやうがいの仕方をくり返し伝え、毎日くり返し行うことで、身につくようにする。

- ● 食後にはブクブクうがい、戸外から戻ってきた時にはガラガラうがいを保育者と行い、違いに気づくようにする。

- ● 食器や食具の使い方に気づけるよう、タイミングを見計らって励まし、おいしく楽しく食べることを優先する。

- ● 排泄後の手洗いの手順を伝え、手洗い後の気持ちよさを感じられるようにする。

- ● 排尿する前にひざ下までパンツとズボンを下ろすことでぬらさずに排泄し、ズボンを上げてから動くことを伝える。

 書き方のポイント

どのようにズボンとパンツをひざまで下ろすのか、そのタイミングまで具体的にします。

- ● 遊びに入れずにいる子には、そばに寄り添い、思いを聞いたり、興味をもち始めたら誘ってみる。

- ● 色の美しさや形（丸、三角、四角）、大きさ（大、小）に興味をもち、子どもの発見や驚きに共感し、拾ったり集めたりする楽しさを味わえるようにする。

- ● 季節の移り変わりにおける子どもたちのつぶやきや発見に耳を傾け、共感する。

- ● 楽器にたくさん触れて試し、音の違いや大きさを感じ、楽器を鳴らす楽しさを味わえるようにする。

個別の計画へ

職員の連携

- ● 「3歳以上児棟」での生活に慣れ、興味・関心が広がり、行動範囲も広がるため、異年齢児と過ごす朝夕の時間での職員間の立ち位置や動きを再確認して安全に十分配慮する。

- ● 遊び入りにくい子には、保育者がそばにつき、保育者や友だちがごっこ遊びや遊戯を楽しんでいる姿を見て、自ら入るのを待つが、誘うなどの連携も図る。

保護者との連携

- ● 子どもの体調をしっかり把握し、風邪などの症状がある場合は、園での様子を伝え、必要に応じて受診を勧める。

- ● 自分でできることが増えていることを伝えるともに、家庭での様子を把握しておく。

- ● 発表会に向けて子どもたちが楽しんでいる様子を伝え、成長を喜び合う。

4月
5月
6月
7月
8月
9月
10月
11月
12月
1月
2月
3月

振り返り

- ● 寒くなり、風邪の症状のある子もいるので、夕方は日が沈む時間に合わせて早めに入室し、日中の変化（機嫌、遊びの様子、食欲、検温等）について保育者間で伝え合い、個別の対応をしたことで健康を維持することができた。

- ● 動物やカエルの絵本からイメージを広げ、お面や小道具を用いて一人ひとりなりきってごっこ遊びを楽しむことができた。絵本の言葉をまねして子ども同士の言葉のやりとりも盛んになっている。季節の歌やリトミック、手遊び、遊戯など、体を動かした表現も、いきいきとした表情で楽しむ姿が見られる。楽器に触れる機会をあまり設けることができなかったので、準備や設定を見直し、積極的に取り入れる。

- ● 一人ひとりのお散歩バッグを用意すると、「自分のバッグ」に喜び、お出かけごっこに発展、言葉のやり取りが盛んになった。

11月 個別の計画 | みりちゃん（3歳2か月）

子どもの姿

- クラス再編成では担任と保育室が変わらなかったので、生活の様子に変化なく過ごしている。しかし、ほかのクラスだった子には、「だめ」「来ないで」と近づくのを拒み（自己防衛）、手が出ることもある。

- スプーン、フォークを使いこなして食べるが、はしへの興味はまだ湧いてこない。

- もらすことが続きパンツをはきたがらなくなったため、おむつに戻した。おむつをはいても、自分から尿意を知らせトイレで排尿する時もある。排泄後は、トイレットペーパーを切って拭こうとする。

- 食事前や戸外から帰ってきた時は、時間はかかるが手洗いをしようとする。保育者や友だちをまねて、ガラガラうがいをする。鼻水が出たまま遊んでいる時もある。

- 容器に実や草花を集め、葉っぱをお金に見立て、気の合う友だちとままごとを楽しんでいる。

ねらい

- まだなじんでいない友だちと遊び、ふれあう中で自然になじめるようにする。

- 尿意や便意を知らせ、自分からトイレに行き、排泄しようとする。

- 手洗いやうがい、鼻水を拭くなどをしようとする。

- 保育者や友だちと一緒に、模倣や表現遊びを楽しむ。

- 秋の自然に触れ、友だちと関わって戸外遊びを楽しむ。

内容（養護・教育）

- 「一緒は楽しい」と感じられるような遊びをすることで、友だちを受け入れられるようになる。

- 尿意や便意を感じたら、おむつとズボンを下げ、排泄しようとする。

- 戸外から戻った時、食前など、手洗いやうがいをしようとする。

- 鼻水を不快に感じ、出たことを知らせ、自分で拭こうとする。

- 絵本の中の言葉のやりとりや動物の動きをまねて楽しむ。

- 友だちと一緒に歌をうたい、音楽に合わせてリズミカルに体を動かして楽しむ。

- 近隣に出かけ、落ち葉、木の実などを発見し、集めて楽しむ。

保育者の援助・配慮

- 急に寒くなってくるので、顔色、表情、目の輝き、遊びの様子などから、体調の変化をとらえる。

- 太陽が出てポカポカと暖かいうちに、戸外で十分に体を動かして遊びを行う。寒い時には上着を着るよう声をかけるなど、状況に応じた過ごし方をする。

- 新しい友だちと思いが通じていないような時は、互いの思いを代弁し、仲立ちし折り合いをつけられるようにする。

保育者の援助・配慮

- 便座をあたため、心地よく排泄できるようにする。スムーズにはけるようにトイレのスリッパを並べる。

- ひざ下までズボンとパンツ型おむつを下ろすだけで排泄できることを伝え、排泄後はズボンとおむつを上げるのを見守る。

- トイレットペーパーは、「キリンさんの首までね」と目印をつけておく。排便の時は、前から後ろに向かって拭くように伝え、援助する。

- うがいをすると「ばい菌が逃げていく」などのイメージしやすい言葉とともに、うがいの意味を伝え、保育者をまねて行ってみるように誘う。

- 鼻水が出ていても気づかない時は、鼻水が出ていると知らせ、保育者が拭いてもいいか、自分で拭くかを尋ねる。ティッシュを半分に折って拭くことを伝え、拭いて清潔にする心地よさを感じられるようにする。

- くり返し言葉のおもしろい読み聞かせを楽しんだ後は、ゾウ、ウサギ、キリン、ライオンなど、お面をつけ、鳴き声やしぐさをまねて動物になりきって遊ぶ。

- 体を動かしたくなるリズムの曲を選び、手足、全身を動かして踊って楽しめるようにする。

- 季節の移ろいを感じられるような散歩コースを選び、手作りバッグを肩から提げて出かけ、拾った実などを集めて楽しめるようにする。

- 秋の自然物を使い、秋のままごとやごっこ遊びを十分に楽しめるようにする。

保護者との連携

- トイレトレーニング中の子どもの姿を詳しく伝え合い、家庭と園が一貫した進め方（関わり）をする。

- はしへの移行については、興味をもち、使い始めたタイミングに必要な援助をするよう確認し合う。

- 発表会に向けてごっこ遊びをしている様子を伝え、当日を楽しみに待ち、ともに成長を喜び合えるようにする。

4月　5月　6月　7月　8月　9月　10月　11月　12月　1月　2月　3月

みりちゃんの振り返り

- 新しい友だちに対して、はじめのうちは近づかなかったが、次第に名前を呼んだり、追いかけっこをしたりなど、遊べるようになってきた。しかし、思いが伝わらず、じりじりしている時があるので、代弁し仲立ちする。

- おむつをはくことでおもらしをしないと安心しているようだ。しかし、おむつをはいても、トイレで排泄する。「お姉ちゃんパンツをはきたい」という気持ちになるタイミングを待つ。

- 鼻水が出ていることに気づかないので、保育者が拭いてきれいにし、心地よさを味わえるようにする。

- 絵本の動物のお面をつけ、鳴きまねやしぐさなど、その動物になりきって楽しんだ。

- 音楽に合わせた踊りも好きであり、ポンポンを手にしてリズムよく踊る。発表会では、キリン役になったので日々楽しんでいることを発表会で見てもらえるという見通しをもち、楽しめるようにする。

- 園庭で木の実を集め、草花でのままごとを友だちと十分に楽しんだ。

11月 個別の計画 たくみくん（2歳8か月）

子どもの姿

- クラス替えでともに生活する友だちが増えたことから、戸惑い落ち着かない日が続いている。なじんでいない友だちが近づいてくると「寄らないで」と拒んだり、トラブルになる。なじむまで、まだ時間がかかりそうである。
- トイレ前でズボンとパンツを脱いで一人で排泄する。
- ままごとではお気に入りのくまのぬいぐるみを抱っこし、砂遊びでは、皿に砂を入れてかき混ぜ、「まんまだよ」と料理を作ったりして、親になりきっている。

- 「アンパンマン」や「ミックスジュース」の手遊びが好きで、「も一回して！」とリクエストし保育者と一緒に楽しんでいる。

ねらい

- 新たな刺激による落ち着かなさを受け止め、安心して生活できるようにする。
- 自分でトイレに行くことに、満足感を味わう。
- 保育者や友だちと、運動遊びやごっこ遊びを楽しむ。
- 歌をうたったり、踊ったりして音楽遊びを楽しむ。

内容（養護・教育）

- 多くなった刺激の中で、保育者が安全基地としてよりどころになれるように、揺れる気持ちをしっかり受け止め安心して遊べるようにする。
- ズボンを下げ、便座に座り排泄し、手洗いなどを一人でする。
- 走る、跳ぶ、登る、ぶら下がる、投げる、蹴るなど、全身運動を楽しむ。
- ごっこ遊びの中で役になりきり、言葉のやりとりをする。
- 保育者や友だちと一緒にうたったり踊ったりして楽しむ。

保育者の援助・配慮

- 寒くなり、風邪症状が見られるので、衣服の調節をし、室内環境（室温20〜24℃、湿度等）の調整を行い、快適に過ごせるようにする。
- 友だちに関わろうとしても伝わらないことがあるが、あきらめず、きちんと言っている。よく見てくれたことを認めながらも、相手の気持ちを代弁する。
- パンツ、ズボンは、便器の前でひざまで下ろすだけで便座に腰かけられることを伝え、試してみるよう促す。排泄後、水を流す、ズボンを上げる、手洗いをするように声をかける。
- 山登りや平均台渡りなどを「できた！」と自信になっているので、ろく木やボルダリングなど楽しい遊びがあると伝える。

保育者の援助・配慮

- やってみたいけど、どうしようかなと考えている時は、友だちの姿に刺激を受け、自ら興味が出て「やってみたい」と思うようになるまで待つ。

- 絵本（『もりのおふろやさん』）を読み聞かせ、ごっこ遊びに発展し盛り上がり、生活発表会のまとまりに仕上るようにする。

- 好きな動物や「アンパンマン」のお面を作り、イメージを膨らませ、お面を使って動物ごっこやお風呂ごっこをして遊ぶことが『もりのおふろやさん』の物語につながるようにする。

- 「アンパンマン」「さんぽ」を一緒にうたう。朝夕はホールで音楽をかけて体操や遊戯で体を動かすなど、歌や運動遊びの時間をつくり、毎日の生活に組み込む。

保護者との連携

- 落ち着かない気分の日が続くので、朝の受け入れ時、降園後の子どもの気分を詳しく聞き、連絡帳にはその日の園での様子を詳しく書いて伝える。

- 園では、ズボンを脱がないで下げただけで排泄するようになってきていることを伝える。

- 好きな歌や遊びの情報を共有し、今、最も楽しんでいることを保育に取り入れていることを伝える。

たくみくんの振り返り

- 「こうしなければならない」とはっきりしているので、異なることをする友だちに関しては「だめ！」と指示するが、伝わらず葛藤することが多い。その場合は保育者になだめられ、仕方がないと思うようになるが、保育者は対応に悩むことがある。

- 友だちと関わりたいという思いが強くあり、言葉よりも行動になり、相手に伝わりにくくトラブルになることが多かった。今、どうしたいのかを代弁、仲立ちした。

- ズボンやパンツが排尿時に汚れることがあるので、ひざより下まで下げるようにすることで排泄しやすくなることを知り、ズボンとパンツは便器の前で下げる習慣がついた。

- 手足の力がついてろく木にすっと登れるようになったことがうれしく、登る時の約束（靴をはくこと、3段目まで）を理解し、「見ててね〜」とくり返し楽しんでいる。

- お風呂ごっこ、動物ごっこを楽しむ中で、「アンパンマンだよ！」と好きな「アンパンマン」になりきり、楽しんでいるので、生活発表会まで継続する。

- 歌やダンス、体操を誰かに見られていると、はじのほうに行き、やりたがらないこともある。楽しそうと思えば自然に踊ったりうたったりするので、無理強いしない。

12月

前月の子どもの姿と振り返り

Scene 1

振り返りにつながる観察記録

- ☑ 一人ひとりのお散歩バッグを用意すると、「自分バッグ」に喜び、お出かけごっこで集めたものでお店やさんごっこなどに発展していった。

- ☑ 行動範囲が広がり、見えないところや山のかげへと移動も速いので、安全点検の再確認をした。

観察と対応のポイント

遊びや活動が新たな展開につながっている点をとらえます。

Scene 2

振り返りにつながる観察記録

- ☑ 動物やカエルの絵本からイメージを広げ、お面や小道具を使って遊んだ。

- ☑ 発表に向けて行ったリトミックに、いきいきとした表情で楽しむ姿が見られた。

観察と対応のポイント

発表会に向けての準備や練習を通した子どもの変化をとらえます。

11月の振り返り

● 朝夕の寒暖差により風邪の症状のある子が見られたが、夕方は日が沈む時間に合わせて早めに入室し、日中の変化（機嫌、遊びの様子、食欲、検温等）について保育者間で伝え合い、個別の対応をしたことで健康を維持することができた。

● 動物やカエルの絵本からイメージを広げ、お面や小道具を用いて一人ひとりなりきってごっこ遊びを楽しむことができた。絵本の言葉をまねして子ども同士の言葉のやりとりも盛んになっている。季節の歌やリトミック、手遊び、遊戯など、体を動かした表現も、いきいきとした表情で楽しむ姿が見られる。楽器に触れる機会をあまり設けることができなかったので、準備や設定を見直し、積極的に取り入れる。

● 一人ひとりのお散歩バックを用意すると、「自分のバッグ」に喜び、お出かけごっこに発展した。集めた物を交換してのままごとやお店やさんごっことやりとりが広がっていく姿が見られた。園外散歩を予定していたが、天気や子どもたちの様子から無理せず園庭での遊びを楽しみ、安全第一で過ごした。今月は散歩の経験が少なかったので、天気とタイミングを見計らい経験できるように計画する。

12月の保育のねらい

☑ 気温差に留意し、感染症予防に努めながら、健康に過ごす。

☑ 保育者や友だちと一緒にごっこ遊びを楽しむ。

☑ コップや歯ブラシをしまうなど、簡単な身のまわりのことを自分でする。

連続性を踏まえて月案を作成

4月
5月
6月
7月
8月
9月
10月
11月
12月
1月
2月
3月

12月 月案

11月の子どもの姿

- 寒くなってきたので風邪症状が見られる子もいるが、天気のよい日は大きな園庭に出て、遊具で体を動かしたり、落ち葉や木の実を集めたりして楽しんでいる。
- 音楽に合わせて体を動かす遊びや、絵本をもとにしたごっこ遊びなどを盛んに行い、表情や言葉が豊かになってきた。

保育の内容	環境構成
養護（生命の保持・情緒の安定） ●感染症が流行するため、保健衛生に努めながら、健康に過ごせるようにする。	●保育室内の温度・湿度を適切に保てるように、加湿器を使用し、一時間ごとの換気を行う（室温20〜23℃、湿度40〜60%）。
●衣服の調節や、手洗い・うがいを自分でできるようにやり方を伝えるとともに、生活の流れとして身につくようにする。	●手洗い・うがいの大切さを、絵本やイラストを用いて視覚的にわかりやすく伝え、保育者が一緒に行い、確認する。
●気づきや発見を言葉で伝えようとする姿をあたたかく受け止め、共感することで安心して自己発揮できるようにする。	●保育者と一対一でじっくりと関われるように、スペースを確保し、騒がしさから遠ざける。
教育（健康・人間関係・環境・言葉・表現） ●手洗いやガラガラうがい、ブクブクうがいをする。	●風邪に関連する絵本や紙芝居を用意する。 ●水場やコップ置き場はぬれたらすぐに拭き、清潔にし、すべらないようにする。
●歯みがき後にコップや歯ブラシを所定の場所に片づける。	●歯ブラシを子どもの手の届く低いテーブルに置き、一人ひとりの歯ブラシの保管場所に片づける。
●友だちと関わりながら、ごっこ遊び（家族ごっこ、お店やさんごっこ、ピクニックごっこ等）を楽しむ。	●ごっこ遊びや模倣遊びを十分に楽しめるように、おもちゃ（人形、おんぶひも、お皿、テーブル、食べ物、バッグ、エプロン等）の数や環境設定を見直す。
●パズルやひも通しなど、手先を使ってじっくりと取り組む遊びを楽しむ。	●興味をもった子が落ち着いて遊べるように、指先を使った遊びのコーナーを設定する。
●冬の自然（雪、氷、霜等）に触れて遊ぶ。	●上着や防寒具（ニット帽・手袋）を取りやすく着やすいようにし、冬の自然に触れる機会をつくる。
●発表会に参加する（音楽遊び「かえるののどじまん」、ごっこ遊び「もりのおふろやさん」）。	●発表会を楽しみにできるような舞台・衣装・小道具を用意する（壁面、カエル・動物の衣装、小さいポンポン、お風呂等）。
●季節の歌をうたったり、音楽やリズムに合わせて、楽器を鳴らしたり体を動かしたりして楽しむ（「あわてんぼうのサンタクロース」「ジングルベル」）。	●リズム遊びが楽しめるように、楽器（スズ、タンバリン、カスタネット、ウッドブロック等）の数を十分に用意する。
●クリスマスの製作（サンタ、リース）を楽しむ。	●製作に必要な教材や素材（絵の具、マーカー、シール、画用紙、折り紙等）を用意する。

> **書き方のポイント**
>
> 食後の口内ケアも保育内容の一つと考え、とりあげておきましょう。

保育のねらい

- ☑ 気温差に留意し、感染症予防に努めながら、健康に過ごす。
- ☑ コップや歯ブラシをしまうなど、簡単な身のまわりのことを自分でする。

援助・配慮事項

- 朝の健康観察（顔色、鼻水、せき）で確認し、家庭での健康状態を把握し、保護者からの配慮要請に応じた一日の過ごし方ができるようにする。

- 「ばい菌さん、きれいになったね」「お部屋の中はあたたかいね」などと、子どもたちにわかりやすい言葉でくり返し伝えることで、習慣として身につくようにする。

- 言葉でうまく伝えられず、見られることで恥ずかしがる時は、保育者がその思いをくみとり、代弁したり、一緒に体を動かして楽しんだりすることで安心して表現できるようにする。

- 保育者が率先して食後にブクブクうがいを、戸外から戻った時にガラガラうがいをして見せて、違いを知らせる。

- 歯ブラシの持ち方やみがく手順を丁寧に伝え、自分でしようとするのを待つ。他児の歯ブラシにさわらない。

- 安心できる環境の中で、気の合う子ども同士の言葉のやりとりを見守り、時には仲立ちとなり、一緒に遊ぶ楽しさを味わえるようにする。

- 子どもの「やってみたい」という気持ちを大切にし、援助を求められた時には手を添え、達成感を味わえるようにする。

- あたたかい時間帯を選んで外に出かける。冷たさ、感触（さわる、踏む）、変化（溶ける、固まる、割れる）に気づけるように声かけをしたり、一人ひとりの驚きや感動に共感する。

- 自分なりに表現し、役になりきる姿を十分に認め、人前で発表する楽しさや達成感を味わえるようにする。戸惑いも受け止める。

- 楽器にたくさん触れて試し、音の違いや大きさを感じ、扱い方を知り大切にしようという気持ちをもてるようにする。

- 様々な教材や素材を使って描く、折る、切るなど、自由な発想を大切にする。

- 色の変化や形の違いなど、子どもの発見や驚きに共感し、イメージが膨らむように言葉をかける。

個別の計画へ

職員の連携

- 冬に流行する胃腸炎やインフルエンザの対応法を再確認し合う。

- 室内活動が多くなる時期なので、保育室やホールの使い方を保育者間で話し合い、子どもが存分に活動できるようにする。

保護者との連携

- 食事、排泄、着脱などについて、園での子どもの姿を伝え、また家庭での姿を聞く。また、一人ひとりに合わせて、はしへの移行や生活習慣の自立を進められるようにする。

- 薄着で過ごす大切さを伝え、動きやすい衣類を用意してもらう。

振り返り

- 手洗い・うがいを保育者が一緒に行い、丁寧に伝えたことで、子どもたちも意識して行うことができるようになり、予防につながった。ガラガラうがいをまだうまくできない子もいるので、引き続き一緒に行う。わずかな体調の変化を見逃さず、迅速な対応が感染症の予防につながった。

- 室内活動が多くなり保育室でじっくり遊ぶ時間も増え、ごっこ遊び、指先を使った遊び（パズル、ひも通し）が多く見られた。ままごとコーナーの環境設定の見直し、おもちゃや小道具の補充を行ったことで、子どもたちがわくわくとした表情で、おおいに関わり合い遊びを広げていた。

- 発表会では、笑顔で楽しむ子、緊張で固まる子、保育者と手をつなぐことで安心して舞台に立つことができた子と様々な姿が見られた。自分なりに表現して全員で参加でき、ひとつ成長した姿で発表することができた。

- 身のまわりのことを「自分でやってみよう」「最後まで自分でやる」という気持ちが高まっている。個人差があるので、焦らずにでき、見守り、さりげなく援助して「自分でできた」という達成感を味わえるようにする。

4月
5月
6月
7月
8月
9月
10月
11月
12月
1月
2月
3月

12月 個別の計画 ｜ みりちゃん（3歳3か月）

子どもの姿

- クラス再編成直後は、新しい友だちに対して、「来ないで」「だめ」（自己防衛）と言い、手が出ることもあったが、次第になじみ、名前を呼んだり、追いかけっこをしたりして遊べるようになってきた。

- 一日中おむつをはいているが、トイレで排泄する。パンツをはきたいという気持ちはまだない。ズボンとおむつを脱がず下げて排泄する。トイレットペーパーはキリンのイラストを目印に、必要な長さを自分で切って使う。

- 寒くなり、鼻水が出ることが多くなった。鼻水が出ていることに気づかずに遊んでいることもある。

- 絵本『もりのおふろやさん』の読み聞かせを喜び、動物のお面をかぶり鳴き声やしぐさをまねて、動物ごっこやお風呂ごっこをする。また、音楽に合わせリズミカルに遊戯することも好む。発表会が近いこともあり、キリン役となり、友だちと一緒にステージの上でなりきっている。

- 天気のよい日は戸外に出て、砂場でのままごと、「もぐら山」登り、三輪車などで遊んでいる。室内では、ままごと、ねんど、絵描きを楽しむ。顔（輪郭、目、鼻、口）を描けるようになった。

ねらい

- 友だちと一緒が楽しいという願いを受け止め、必要に応じて仲立ちすることで、楽しく生活できるようにする。

- スプーン、フォーク、はしを使い、楽しく食べる。
- 一人でトイレに行き、排泄する。
- 簡単な身のまわりのことを、自分でしようとする。
- 友だちと関わって遊ぶことを楽しむ。

内容（養護・教育）

- 友だちとともに、「なりきる」「踊る」などを通して「友だちと一緒にするのは楽しい」と感じるとともに、誇らしさも味わえるようにする。

- はしを使って食べることに慣れ、はしで食べようとする。

- おむつ、ズボンを便器の前で下げ排泄し、排泄後は手を洗おうとする。

- 鼻水が出た時に知らせ、自分で拭こうとする。

- 歯みがき後に、コップ、歯ブラシケースを自分で片づけようとする。

- 友だちと関わって、ごっこ遊びやルールのある遊びを楽しむ。

- パズルやひも通しなど、指先を使った遊びを楽しむ。

保育者の援助・配慮

- 鼻水が出て風邪気味の日々が続いているので、エアコンや加湿器により保育室内の温度を20〜23℃、湿度40〜60%に保ち、2〜3時間ごとに換気を行う。寒い中でも体を動かし、元気に過ごすように、天気や気温に応じて上着を着用し、戸外で遊ぶ時間を設ける。

- 新しい友だちとの関わりの中で、思いがうまく通じ合わない場面では、代弁し、仲立ちする。楽しく遊ぶのを見守り、「一緒に笑って楽しいね」「お友だちといるとうれしいね」とその心地よさを言葉にする。

保育者の援助・配慮

- 保育者や友だちがはしを使って食事する姿を見たりして、はしで食べてみたい思った時に、すぐ使えるように、はしを準備する。

- はしを使った遊び（スポンジや食べ物型の消しゴムをつまむ遊び等）から、自然にはしが使えるようにする。

- 便器の前でおむつ、ズボンを下ろし排泄するので、トイレ内の室温を20℃ぐらいに保ち、便座を温める。

- 排泄後は、水の流し方、トイレットペーパーの使い方、手洗いの仕方を確認し、声かけする。排尿間隔に合わせて、パンツをはくことも促してみる。排便後、保育者が拭くが、子どもには前から後ろに拭くように伝える。

- 鼻水が出ていても気づかない時は、「鼻水が出ているよ」と声をかけ、ティッシュを取り、ティッシュを半分に折り、鼻に当てて拭くことを、保育者と一緒に行う。

- コップ袋にコップをしまい、次に歯ブラシをしまうという手順を保育者と一緒に行う。コップ袋にコップが入らない時には、保育者が袋の口を広げて持つ。

- 動物のお面をかぶりなりきって演じたり、うたったりする楽しさに共感し、誇らしさや満足感、達成感を味わえるようにする。

- 子ども同士で遊んでいる時には見守るが、時には仲立ちして一緒に遊び、さらに楽しくなるようにする。「あわぶくたった」、しっぽとりなど、簡単なルールの遊びも取り入れ、集団で遊ぶ楽しさを味わえるようにする。

- 指先を使った遊びをじっくりと落ち着いて楽しめるように、ついたてなどでコーナーをつくり整える。

保護者との連携

- 風邪や感染症などの状況を伝え、また予防のために一緒に手洗いをしていること、外から戻った時にはうがいを促していることを伝え、健康状態について丁寧に伝え合う。

- はしで食べるようになり、食事の時間はかかるが慣れるのを待つようにしていること、また、おむつをはいているが、パンツに替えるタイミングになっていることを語り合う。

書き方のポイント

はしに慣れるまでは時間がかかっても待つようにしていることを保護者に伝えるのは大切なことです。

4月
5月
6月
7月
8月
9月
10月
11月
12月
1月
2月
3月

みりちゃんの振り返り

- ごっこ遊びが盛んになり、新しい友だちと同じ役になり、セリフを言ったり、踊ったりすることで楽しさを共有し、距離が近くなった。友だちとして受け入れられたことで、トラブルも少なくなり、和やかに遊ぶようになった。発表会で、これらの遊びを保護者に見てもらう。

- 友だちがはしを使う姿を見て、月の後半より、はしに興味をもち始めた。

- パンツをはきたいという気持ちにはならないが、ほぼ一日おむつがぬれることはない。今後はパンツで過ごせそうであるが、「パンツをはきたい」と思うようになるタイミングを待つか、促してみるかは検討が必要である。

- 排泄後の手洗いは、声かけがないと忘れることがあるので、継続して確認する。

- 新たにコップ・歯ブラシに取り組んだ。コップと歯ブラシを袋に入れる手順を覚え、自分でできることを喜んでいるので、今後も身のまわりの自立を少しずつ進める。

12月 個別の計画｜たくみくん（2歳9か月）

子どもの姿

- 気の合わない友だちが近くに来ると、「だめ！」「しないで」と拒み、保育者の後ろに隠れたり手を握ったりする。友だちになかなかなじめず保育者から離れられない。
- スプーン、フォークは、三点持ちをし、器用に食べる。
- 歌やダンス、体操など、楽しそうにうたったり踊ったりするが、人前だと恥ずかしがってやらないことが多い。
- 寒くなり外遊びを嫌がる。その一方で「サンタさん来るかな」と冬の訪れを待っている。

ねらい

- まず好きな友だちと楽しく遊ぶ機会をつくり、次第に友だちの輪に広がるようにする。
- はしを使って食べてみようとする。
- 保育者や友だちとごっこ遊びや音楽遊びを存分に楽しむ。
- 秋から冬になる季節の変化を感じ、戸外遊びを楽しむ。

内容（養護・教育）

- よりどころとしての担任保育者がしっかりと受け止め、一方で、保育者が他児と遊んでいるところに誘い込み、楽しく遊べるようにする。
- その時の気分や食材により、はしを選び食べようとする。
- ごっこ遊びや音楽を聴く、うたう、踊るなど、友だちと一緒に楽しむ。
- 風の冷たさなど自然の変化を感じ、戸外遊びを楽しむ。

保育者の援助・配慮

- 友だちと遊びたいが仲間に入ることをためらっているので、保育者が一緒に遊ぶきっかけをつくるようにする。
- 思いが伝わりにくく、じれったく思う気持ちを受容するとともに、相手の思いを代弁し、どうすればよいのか、互いの折り合いどころがわかるように言葉かけをする。
- はしを使っている友だちを見たりしてはしに興味を示した時に、「はしを使ってみる？」と促し、「こうやって持つよ」と手を添えて丁寧に伝える。
- スプーン、フォークも並べて置き、はしを使うことに疲れた時には、スプーン、フォークを使えるようにする。

保育者の援助・配慮

- 好きな友だち数人で、「アンパンマン体操」や遊戯（「オフロスキー」）、手つなぎかけっこなどをすることで、自然にクラス全体の空気に溶け込み、ごっこ遊びを楽しめるようにする。
- クリスマスソングを保育者が楽しそうに大きな振りで踊ったりすることにより、一緒に踊りたいと思えるようにする。
- 天気のよい日は「ジャンパー着て、お外に行こうか！」「雪をさわりに行こう」などと声をかけて誘い、水たまりの氷割りや雪踏み（足あとつけ）など、冬ならではの体験をできるようにする。
- 追いかけっこやオニごっこなどで走ったり追いかけたりを存分に楽しむ。

保護者との連携

- 友だちとの関わりの様子を伝え、こうしたいという願いが伝わらないことでじれったく思っていること、それに対しての保育者の関わりを伝え、自己主張が発達過程の重要な時期であることを確認し合う。
- はしに興味があることや食事の様子を伝え、家庭での様子も聞き、子どもが戸惑わないではし使いに慣れるようにする。
- ごっこ遊びの様子を日々のノートやクラス便りで伝え、成長を喜び合うとともに、保育参観を楽しみに待ってもらえるように話す。

たくみくんの振り返り

- 気の合う友だちができ、その友だちには衣服の着脱の手伝いをしようとする。次第に友だちと一緒にいることが多くなってきたので、その楽しい気分を十分味わえるようにする。
- はしを使う友だちを見て、「自分も」と興味をもつようになり、下旬よりはしを使っている。三点持ちができていたため、はしへの移行もスムーズだった。時には握りばしでかき込むようにして食べるが、一人で食べられることの満足感を味わうことを大切にする。
- お風呂ごっこで大きな湯船を作って入ったり、保育者や友だちと背中の洗いっこをしたりして楽しんだ。帰宅後も歌をうたって家族に見せることもある。
- ごっこ遊びや歌をうたうことは、子どもにとって楽しいことであるが、誰かに見せるために楽しんでいることではないことがわかった。
- 友だちのジャンパー、靴下、帽子を準備してあげ、「行くよ！」と手を引いて外での遊びのお世話をしていた。枝や落ち葉、木の実を拾い、母と祖母へのお土産にすると、外に出ることを楽しみにしていた。まだ雪が降らなかったが、草についた霜や氷に触れ、冬を感じることができた。

書き方のポイント

振り返りでは、客観的にとらえた子どもの姿だけではなく、保育者の気づきも大切な要素です。

4月
5月
6月
7月
8月
9月
10月
11月
12月
1月
2月
3月

1月

前月の子どもの姿と振り返り

Scene 1

振り返りにつながる観察記録

☑ 発表会では、大きな声で発表し笑顔で楽しむ子、大勢の前に立ち緊張で固まる子、保育者と手をつなぐことで安心する子など、様々な姿があったが、またひとつ成長した姿で発表することができた。

観察と対応のポイント

子ども一人ひとりの心や表現の育ちをとらえます。

Scene 2

振り返りにつながる観察記録

☑ コップや歯ブラシをしまうなど、「自分でやろう」という気持ちが高まっている。

☑ 身近な生活の中で、着脱、トイレ、タオル片づけなどを「自分でやろう」という気持になるには個人差がある。焦らずにできる時間や環境づくりを心がける。

観察と対応のポイント

新しいことは保育者も一緒に行い、子どもたちの興味や意欲を引き出します。

12月の振り返り

● 手洗い・うがいを保育者が見本となるように一緒に行い、丁寧に伝えたことで、子どもたちも意識して行うことができるようになり、予防につながった。ガラガラうがいをまだうまくできない子もいるので、引き続き一緒に行う。わずかな体調の変化を見逃さず、迅速な対応が感染症の予防につながった。

● 室内活動が多くなり保育室でじっくり遊ぶ時間も増え、ごっこ遊び、指先を使った遊び（パズル、ひも通し）が多く見られた。ままごとコーナーの環境設定の見直し、おもちゃや小道具の補充を行ったことで、子どもたちがわくわくとした表情で、おおいに関わり合い遊びを広げていた。

● 発表会では、笑顔で楽しむ子、緊張で固まる子、保育者と手をつなぐことで安心して舞台に立つことができた子と様々な姿が見られた。自分なりに表現して全員が泣かずに参加することができ、ひとつ成長した姿で発表することができた。

● 身のまわりのことを「自分でやってみよう」「最後まで自分でやる」という気持ちが高まっている。個人差があるので、焦らずにできるような時間や環境をつくり、見守ったりさりげなく援助したりして「自分でできた」という達成感を味わえるようにする。

4月 5月 6月 7月 8月 9月 10月 11月 12月 1月 2月 3月

1月の保育のねらい

☑ 冬期の保健衛生や環境に留意し、感染症予防に努め、健康に過ごせるようにする。

☑ 冬の自然に触れ、体を動かして楽しむ。

☑ 所持品の準備など、簡単な身のまわりのことを自分でしようとする。

☑ はさみやのりの使い方を知り、様々な素材に触れる中で、指先を使って作ったり描いたりして楽しむ。

連続性を踏まえて月案を作成

1月 月案

12月の子どもの姿

- 身のまわりのことを自分でしようとする気持ちが高まり、コップや歯ブラシをしまおうとするほか、はしを使って食事をしようとする姿が見られる。
- 室内遊びが多くなり、ひも通しやパズルなど、落ち着いて行う遊びを楽しんでいる。
- 発表会では、よい表情で楽しそうに踊り、成長した姿が見られた。

	保育の内容	環境構成
養護（生命の保持・情緒の安定）	● インフルンザや胃腸炎などの感染症が流行しやすい時期なので、食欲、顔色等の健康状態を把握し、快適に過ごせるようにする。	● 室温を20〜23℃ぐらい、湿度を40〜60%ぐらいに保つ。また、感染症の発生状況に合わせて、噴霧器の次亜塩素散水の濃度を調整し、一時間ごとの室内の換気やおもちゃなどの消毒を徹底する。
	● 生活リズムを整え、一人ひとりの体調に留意し、健康に過ごせるようにする。	● 手洗い・うがいは、少人数に分けて実施する。保育者が一人ひとり確認し、感染症を予防する。
	● 遊ぶ、食べる、眠るの生活を見通し、生活に必要なことを容易にできるようにする。また、身のまわりのことをできたという達成感や喜びを味わえるようにする。	● 正月休み明けで生活リズムや情緒が不安定になっている子には、ゆったりと関わる場所と時間をつくる。 ● 新しく生活に取り入れる所持品の準備については、手順や方法などをわかりやすく取り組みやすいよう少人数で知らせ、時間の余裕をもつ。
教育（健康・人間関係・環境・言葉・表現）	● 登園時の所持品（コップ、歯ブラシ、おしぼり等）の準備を保育者と一緒にしようとする。	● おしぼりタオル、コップ、歯ブラシ、袋を入れるカゴにイラストで表示し、子どもの手の届く高さのテーブルに置けるようにする。準備できるように整える。
	● 鼻水が出たことに気づき、自分で拭こうとする。	● 使いやすいようにティシュペーパーとゴミ箱を置き、自分でできるようにする。
	● 衣服の前後や裏表を意識して、着ようとする。	● 衣服の前後や表裏がわかりやすいように広げ、並べて用意する。
	● 友だちと関わり、言葉のやりとりをしながら、ごっこ遊び（お店やさんごっこ、ピクニックごっこ、ヒーローごっこ等）を楽しむ。	● ごっこ遊びを楽しめるように、小道具（食べ物、野菜、バッグ、エプロン、お弁当箱、人形、剣等）を用意する。
	● 友だちと一緒に簡単なルールのある遊び（「あわぶくたった」、しっぽとり、かくれんぼ、「オオカミさん」等）を楽しむ。	● 必要な用具（スズランテープ、お面等）を用意する。
	● 冬の自然に触れて楽しむ（雪玉作り、雪だるま作り、尻滑り、堅雪渡り等）。	● 雪遊びに必要な用具（シャベル、砂型、ゼリーカップ、バケツ、食紅、ペットボトル等）を準備する。
	● ごっこ遊びの中で言葉のやり取り楽しむ。	● お正月に関わる遊びが盛り上がるようなコマや筆やカルタなどを準備する。
	● 様々な素材や教材に触れ、指先を使って作ったり描いたりして楽しむ。	● 製作に必要な素材（折り紙、セロハン、ストロー、ビーズ、プラコップ等）、教材（はさみ〈一回切り〉、のり、クレヨン、両面テープ等）を準備する。

保育のねらい

☑ 冬期の保健衛生や環境に留意し、感染症予防に努め、健康に過ごせるようにする。

☑ はさみやのりの使い方を知り、様々な素材に触れる中で、指先を使って作ったり描いたりして楽しむ。

援助・配慮事項

● 感染症の発生状況を把握し、顔色、表情、遊びや食事の様子などから、急な体調変化を見逃さずに早急に対応する。手洗いを確認し、くり返し行い身につける。

● 存分に体を動かして遊ぶ、しっかり食べる、ぐっすり眠るのリズムを整え、一人ひとり無理なく過ごせるようにする。

● 身のまわりのことでできること、手伝うとできることを保育者間で確認し合い、それぞれに応じた援助や言葉かけを共有して援助する。自分でできたという達成感を味わい、意欲や自信につながるように言葉をかける。

● 一つひとつ準備の仕方を伝え、保育者の見守りや一緒にする安心感のもと、自分でしようという気持ちを引きだすように関わる。

● 鼻水が出たことに気づき、拭き、ティッシュはゴミ箱に捨てる。拭き残しは保育者がきれいにしてもいいか聞き、さりげなく援助する。

● 衣服の前後や裏表を知らせ、「合ってる？」「前はこっち？」の問いに的確に答え、励まし、自分でできた喜びを味わえるようにする。

● 子ども同士で楽しんでいる時には見守り、状況に応じて保育者が仲立ちとなり、イメージが広がるきっかけをつくる。

● ルールははじめに説明するが、遊びながらわかっていくようにする。ルールがあると楽しいことに気づいていく。

● 子どもの驚きや発見、感動を大切に受け止める。

● お正月に見たり聞いたりしたことを話す。次第にごっこ遊びに発展することもあるので、共感しながら聞く。

● はさみやのりの使用は初めてなので、丁寧に使い方を知らせ、切ったり貼ったりする。

書き方のポイント

子どもたちの生活体験が遊びに展開されるように環境づくりを考えます。

個別の計画へ

職員の連携

● 正月休み明けの子どもの状況（情緒、生活リズム）、体調を確認し合い、ゆったりと保育所の生活リズムに戻る。

● 雪遊びでの危険箇所や約束事項について共通理解し、保育者の立ち位置や人数把握を徹底し、安全に活動できるようにする。

● 製作活動の際は、個別にじっくりと関わることができるように、遊びの場所や保育者の配置を事前に確認する。

保護者との連携

● 園内で感染症（インフルエンザ、ノロウイルス等）が出た時は、クラス便りやボードで速やかに情報提供（感染症名、年齢、人数）し、家庭とともに迅速に対応できるように連絡を取り合う。

● 雪遊び必要な防寒具（スノーウェア、手袋、ニット帽）、着替えの準備をお願いする。

● 進級に向けての生活について話し合う。

振り返り

● 感染症（インフルエンザ、溶連菌）の罹患者が数名いたが、広がることはなかった。スノーウェアーを着用しての活動は、まだ楽しめていないが、今後、雪遊びを存分に楽しみたい。

● 「自分でやりたい」という気持ちが強くなってきた子が多く、所持品の準備やはしでの食事、排泄など、自分でできることが増え、「自分でできた」という達成感を味わって過ごしている。甘えたり気分が乗らないこともあるので、保育者が一緒に取り組んだり、友だちの姿を伝えたりして「やってみよう」という気持ちをもてるようにする。

● 様々な教材や素材に触れてイメージを広げ、楽しく作ったり描いたりする姿が見られた。完成した作品を展示したことで、自分で作ったという達成感を味わうことができた。

4月
5月
6月
7月
8月
9月
10月
11月
12月
1月
2月
3月

1月 個別の計画 みりちゃん （3歳4か月）

子どもの姿	●発表会当日、友だちと一緒にステージの上で動物ごっこを楽しんだ。 ●10月から一緒になった友だちに慣れてきたことで、一緒に笑い合ったりして遊ぶようになった。 ●友だちがはしを使っているのを見て、はしに興味をもち、スプーンとフォークと併用して使い始めている。 ●おむつがぬれることなく一日を過ごしているが、パンツをはきたいという気持ちにまではならない。排泄後の始末は自分でできる。手洗いは保育者の声かけが必要である。 ●鼻水が出ていることに気がつき、自分で拭くようになった。仕上げは保育者が行い、鼻をかむ。 ●コップ、歯ブラシをコップ袋にしまう手順を覚えた。 ●パズル、ひも通しなどの指先を使う遊びに集中し、じっくり遊ぶ。 

ねらい	●身のまわりのことを自分できる喜びや満足感を味わい、いきいきと過ごせるようにする。 ●スプーン、フォーク、はしを使い、楽しく食べる。　　●冬の遊びを友だちと一緒に楽しむ。 ●トイレに行き排泄し、布パンツをはいて過ごす。　　●様々な素材や教材に触れ、指先を使いながら作ったり描いたりして楽しむ。 ●簡単な身のまわりのことを自分でしようとする。

内容（養護・教育）	●一人でできる身のまわりのことが増え、基本的生活習慣が身につくようにする。 ●献立や食材に応じて、スプーン、フォーク、はしを選んで食べようとする。 ●パンツを選んではき、布パンツの心地よさを味わう。 ●登園時の所持品の準備（コップ、歯ブラシ、連絡帳、おしぼり等）や、帰りの支度（コップ、歯ブラシケースをしまう等）を保育者と一緒にしようとする。 ●雪玉作り、尻滑りなど、雪に触れて冬の遊びを楽しむ。 ●あわぶくたった、しっぽとりなどの簡単なルールのある遊びを、友だちと一緒に楽しむ。 ●はさみ（一回切り）やのりの使い方を知り、様々な素材を使って、制作遊びを楽しむ。

保育者の援助・配慮	●基本的な生活習慣が身につくように、手順や方法など、具体的な動作を一緒に行う。「自分で」の気持ちと甘えの揺り戻しを見守り、安心して試せるようにする。 ●食材に合わせ、食べやすい食具を選んで食べられるようにする。 ●はしでスポンジや食べ物型の消しゴムを摘まむ遊びを取り入れ、「はしで摘まめた」という喜びを味わいながら、はしへの興味が湧くように関わる。

4月

保育者の援助・配慮

- 布パンツの心地よさを伝え、「どんなパンツがいいかな？」と自分でパンツを選ぶ楽しみもつくり、パンツをはく気持ちになるような声かけをする。

- 排泄後は手が汚れていることを伝え、保育者と一緒に指の間も洗い、身につくようにする。

- 歯ブラシやおしぼりを入れるカゴにはイラスト表示をし、一目でわかるようにする。手順は一緒に行う。

- 雪の上に寝転んだり、雪玉を作ったり、尻滑りをしたりして雪に触れて楽しめるようにする。また、雪の冷たさ、感触などの気づきや発見に共感する。

- 初めのうちは保育者がオニ役になりながら、ルールのある遊びをくり返す中でルールを覚え、楽しさを味わえるようにする。「友だちと一緒は楽しい」と思えるような経験をする。

- はさみやのりとの「初めての出会い」を大切にし、保育者と一対一で持ち方、指の開閉、指の入れ方、のりは人差し指に少しだけつけること、丸く指を動かすことなど、一つひとつを一緒に行う。

- 製作の中で色や形（丸、三角、四角）に触れ、会話しながら製作する。ペンの持ち方やキャップの仕方をしっかり伝える。

書き方のポイント

何をどのように製作するかを具体的に書いてあると、援助の観点が浮かびあがります。

保護者との連携

- 正月休み明けの生活リズムを整え、登園時は厚着でも、日中は調節し薄着で生活する。室内は温かく、寒い時期も体を動かし汗をかくので、薄着のほうが元気に過ごせる環境であることを伝える。

- 進級に向けて、今後力を入れていく生活習慣（食事、排泄、手洗い・うがい、身のまわりのこと等）についてクラス便りで伝えるとともに、家庭での様子を聞き、一貫して関わる。

みりちゃんの振り返り

- 所持品の準備、排泄自立など、一つひとつ「自分でできる」ようになることが自信となり、「みり、キリン組になるんだもん」と進級を楽しみにしている。大きくなることへの憧れは、子ども自身のステップアップの踏み台である。

- 食べ初めにはしを使うようになったが、途中で「疲れた」と言って、スプーンやフォークを持ち食事する。

- 年末年始の休み明けより、園でトイレトレーニングを再開し、排泄はほとんど完全自立した。排泄後の手洗いは、引き続き声かけして習慣付ける。

- 所持品の準備や帰りの支度では、保育者と一緒にしてきたことを、自分でするようになった。

- 雪が積もらなかったことで、園庭での遊びやホールでのあわぶくたったやしっぽとりなどの遊びを楽しんだ。あわぶくたったでは、「おばけの音〜」が好きで、くり返し楽しんでいる。集団で遊ぶと楽しいことに気づいてきた。

- クレヨン画の自分の顔と魚モビールの製作を作品展に展示し、保護者に見てもらった。はさみやのりを器用に使い、ビーズ通しに集中して取り組んだ。色、形などを考え工夫している。

4月 5月 6月 7月 8月 9月 10月 11月 12月 1月 2月 3月

1月 個別の計画 たくみくん （2歳10か月）

<table>
<tr>
<td rowspan="5">子どもの姿</td>
<td>

●友だちと関わりたい思いが言葉にならないため、思いがすれ違い、いら立つことがある。

●「たくみ、上手でしょ」と言い、握りばしで食べられるようになったことが誇らしげである。

●ジャンパーを自分で持ってきたり、袖に両手を通したりなど、自分でしようとする。スムーズにできない友だちの手伝いもしようとする。

●外に出ると「寒いね」と言いながら、寒さに負けず、宝物探し（木の実、枝等）や砂遊びを楽しんでいる。

●粘土、絵描き、ひも通しなど、指先を使った遊びを楽しんでいる。

</td>
</tr>
</table>

ねらい	●生活や遊びの中で、相手の思いに気づくような経験を重ねる。 ●所持品の始末など、身のまわりのことを自分でしようとする。 ●様々な素材、おもちゃなどに触れ、指先を使った遊びを楽しむ。	●はしを使って食べようとする。 ●冬の自然に触れ、体を動かして楽しむ。

内容（養護・教育）

●伝わりにくい思いを保育者が仲立ちし、言葉や行為のやりとりを通して伝わり合う心地よさを感じるようにする。

●はしを使って食べながらも、スプーンやフォークも併用し、楽しく食べる。

●持ち物の準備や食前食後の準備、片づけなどを、保育者と一緒にしようとする。

●雪、氷、霜の冷たさに触れ、溶ける、固まる、割れるなどの変化に気づき、楽しむ。

●はさみ、のり、クレヨン、テープなど、指先を使った遊びを楽しむ。

保育者の援助・配慮

●相手との行き違いがあった時には、互いの思いに寄り添って、わかりやすい言葉で代弁することで、相手の思いも知り、気づくことができるようにする。

●はしを握ってかき込むような食べ方でも、食べられることがうれしく「見て！」言う時、「そう、はしで食べられるんだ」とともに喜び、はしを使う誇らしさを受け止める。

●食器を片手で支える、持って食べるなど、様々に行い、子どもが食べやすさに気づけるようにする。

●カバンかけ、コップかけや、食前食後のいすやおしぼりの準備片づけなど、子どもの「自分でやってみたい」という思いを大切にし、様子を見て声をかけ、先回りをしないようにする。

保育者の援助・配慮	● 雪、氷、つらら、霜などの冬の自然探しを一緒に行い、空気の冷たさや感触への気づきや発見、うれしさに共感する。 ● スノーウェアなど、寒くなく、ぬれないものを着て、雪の上に寝転がったり、雪上かけっこや雪玉作りをしたり、思い切り遊ぶ体験を存分に楽しめるようにする。 ● 用具（はさみ、のり、クレヨン、テープ等）との「初めての出会い」を大切にし、使うことに戸惑いや抵抗がある時には、「楽しそう」「やってみたい」と思うまで待つ。 ● はさみやのりについては、一対一で持ち方、指の開閉、指の入れ方、のりは人さし指に少しだけつけること、丸く指を動かすことなどを、一緒に行う。
保護者との連携	● 年末年始の休み明けなので、園での生活の流れに無理なく戻れるように、登園時や食事、睡眠の状態を保護者に詳しく伝え、家庭の状況も把握する。 ● 自分でできることが増え、園で行っている内容や手順について伝え、見守る場面と手をかける場面を見極めながら関わっていることを伝える。

📝 書き方のポイント

経験する内容と保育者の援助が浮き彫りになるように計画に書きます。

4月
5月
6月
7月
8月
9月
10月
11月
12月
1月
2月
3月

たくみくんの振り返り

● 下旬ごろ、話せるようになってきたことや安心して遊べる友だちができたことで、いら立つことなく過ごせるようになってきた。トラブルも少なくなり、表情がやわらかくなった。新たに気の合う友だちもでき、じゃれ合いをしたり、追いかけっこをしたりして楽しく遊んでいる。

● 握りばしで皿を持ってかき込むようにして食べるが、はしを使って食べることに喜びを感じている。食器に手を添えて食べるようになった。

● 所持品の準備（連絡ノート、おしぼり、歯ブラシ、コップの出し入れ）は、保育者と一緒に行っていたが、次第に一人でできると手助けを拒むことが多い。

● 雪が少なく、そり遊びなどのダイナミックな雪遊びはできなかったが、雪山に登ったり雪玉を作って遊ぶなどを少し経験することができた。氷を手であたためると溶けることを知り、試して遊んでいた。

● 初めは、はさみに対する怖さが先に立ち、持ち方や使い方に戸惑っていたが、一緒に練習し、慣れてくると一回切りができるようになった。自信となったことで、はさみの使用が楽しくなり何度も切っていた。

2月

前月の子どもの姿と振り返り

Scene 1

振り返りにつながる観察記録

☑ 感染症にかかる子が数名いたが、クラスに広がることはなく、健康に過ごすことができた。

☑ 手洗いは、保育者も一緒に行いながら身につくようにした。

観察と対応のポイント

手洗い・うがいの習慣を身につけていく子どもの姿をとらえます。

Scene 2

振り返りにつながる観察記録

☑ 切る、貼る、描く等、新たな経験に興味をもち、楽しめるようにするが、安全には十分配慮した。

☑ 丸、三角、四角などの形や、色のおもしろさを発見し、思いのままに貼って楽しんだ。

観察と対応のポイント

色や形、数などを体験する子どもの姿をとらえます。

1月の振り返り

● 感染症（インフルエンザ、溶連菌）の罹患者が数名いたが、広がることなく健康に過ごすことができている。スノーウェアーを着用しての活動は、まだ楽しめていないが、体調や気候に配慮し、あたたかい時間を見つけて友だちと一緒に戸外遊びを楽しむことができた。

● 「自分でやりたい」という気持ちが強くなってきた子が多く、所持品の準備やはしでの食事、排泄など、自分でできるようになってきたことが増え、「自分でできた」という達成感を味わって過ごしている。甘える子や気分が乗らない子もいるので、保育者が一緒に取り組んだり、友だちの姿を伝えたりして「やってみよう」という気持ちをもてるようにする。

● 作品展に向けた活動では、様々な教材や素材に触れてイメージを広げ、楽しく作ったり描いたりする姿が見られた。完成した作品を展示したことで、自分で作ったという達成感を味わうことができた。色や形、顔のパーツなど、一人ひとり確認をする中で、理解が不十分であると感じるところがあったので、遊びや生活の中で積極的に取り入れる。

2月の保育のねらい

☑ 冬季の保健衛生や環境に留意し、感染症予防に努め、健康に過ごせるようにする。

☑ 雪や氷などの冬の自然に触れ、体を動かして楽しむ。

☑ 食器の片づけなど、生活に必要な身のまわりのことを自分でしようとする。

連続性を踏まえて月案を作成

117

2月 月案

- 暖冬の影響もあるのか、風邪や感染症の子は少なく、元気に過ごしている。雪遊びはまだ楽しめていない。
- 作品展に向けた活動では、はさみやのり、クレヨンの使い方を知ったり、色や形、顔のパーツを保育者と確認し、描いたり作ったりすることを楽しんでいる。

	保育の内容	環境構成
養護（生命の保持・情緒の安定）	●寒さが厳しくインフルンザや胃腸炎などの感染症が流行しやすい時期なので、一人ひとりの健康状態を把握し、感染症予防に努め、快適に過ごせるようにする。	●室温を20〜23℃ぐらい、湿度を40〜60%ぐらいに保つ。また、感染症の発生状況に合わせて、噴霧器の次亜塩素散水の濃度を調整し、一時間ごとの室内の換気をしおもちゃなどの消毒を徹底する。手洗い・うがいは少人数で、保育者が一人ひとりの確認を行う。
	●積雪時の雪遊びの環境に留意し、安全で健康に過ごすことができるようにする。	●雪遊び前に遊具の雪下ろし、すべりやすい場所などの点検、人数把握を徹底する。
	●基本的生活習慣の習得を個々に合わせて援助する。また、一人でできた喜びを味わうことができるようにする。	●食器の片づけなど、新たに生活に取り入れることについては、子どもたちに伝わるように具体的な手順を伝え、積み重ねる。
教育（健康・人間関係・環境・言葉・表現）	●登園時の所持品の準備や帰りのコップ・歯ブラシ入れの片づけを自分でしようとする。	●個人の整理用カゴにイラストを書き、子どもの手の届く高さのテーブルに置き、自分で準備できるように整える。
	●食べた後に食器（お椀）を片づけようとする。	●片づける場所は、子どもの手が届くような低いテーブルに設定し、片づける場所がわかりやすいように、お椀のマークで示す。
	●衣服は前後・表裏を意識し、自分で着脱しようとする。	●個人の着替えカゴから衣類を取り出しやすいように、たたんで入れる。
	●靴の左右に関心をもち、正しくはこうとする。	●靴の絵や模様を見せ、左右のポイントを伝える。
	●冬の自然に触れ、雪や氷で遊ぶ（雪玉作り、雪だるま作り、尻滑り、堅雪渡り等）。	●雪遊びに必要な用具（シャベル、砂型、バケツ、食紅、ペットボトル等）を準備する。
	●簡単な物語の絵本や紙芝居を楽しむ。	●絵本棚に簡単なストーリーのある絵本（『おおきなかぶ』『3びきのこぶた』『三びきのやぎのがらがらどん』等）をそろえる。
	●友だちと一緒に季節の歌をうたったり、音楽に合わせて踊ったりして楽しむ（「ゆき」「雪のペンキ屋さん」「うれしいひなまつり」）。	●季節の歌やリズミカルな歌、遊戯などを準備し、遊びの中でいつでも楽しめるようにする。
	●クレヨン、はさみ、のりなどを使って、描いたり、切ったり、貼ったりして遊ぶ。	●クレヨン、はさみ、のり、手拭きなどを準備し、子どもからの要求に応じてすぐに取り出せる場所に置く。

保育のねらい

- ☑冬季の保健衛生や環境に留意し、感染症予防に努め、健康に過ごせるようにする。
- ☑食器の片づけなど、生活に必要な身のまわりのことを自分でしようとする。

援助・配慮事項

- ●感染症の発生状況を把握し、顔色、表情、遊びや食事の様子などから、急な体調変化を見逃さず、早急に対応する。また、手洗いやうがいの際には、保育者がポイントについて声かけし、確認する。

- ●戸外では雪が積もった屋根の下では遊ばないことを話し、屋根の下や子どもたちの姿が全体的に把握できる位置で見守り、冬ならではの体を動かす遊びを楽しめるようにする。

- ●自分でできることを少しずつ増やし、自分でできた喜びを味わうことができるように、子どもたちの姿や気持ちに合わせ、保育者が具体的な動作を示し、必要な援助を行う。

- ●自分でしようとする姿を認め、「そうそう」「できたね」と声をかけて見守る。難しい時や気分が乗らない時には、必要な援助をさりげなく行い、自分でしようとする気持ちをもてるように関わる。

- ●食器は割れることや大切に扱うことを伝え、「両手でそっと包むように持つ」などと声かけする。

- ●衣類の裏返しを表にする方法や前後を伝え、自分でしようとする姿を認めて、必要な援助をさりげなく行う。

- ●靴の左右を正しくはくとぴったりとはき心地がよいと気づき、はけた時には「できたね！」と満足感をもてるようにする。

- ●雪玉を作ったり、雪の上に寝転んだり、冬ならではの様々な遊びを全身を使って楽しめるようにする。また、子どもたちの気づきや不思議さに、「冷たいね」「きれいだね」と言葉を添えて共感する。

- ●言葉のくり返しやおもしろい表現を声に出し、絵本のストーリーをごっこ遊びで楽しめるように援助する。

- ●朝の会や帰りの会などで行事の絵本を読み、季節の行事をイメージできるようにする。また、それに合わせた歌をうたって楽しめるようにする。

- ●はさみを使う時には、はさみを持って歩かない、相手に向けないなどを約束する。また、「もっとしたい」という思いに応えるようにし、雰囲気の中で楽しめるようにする。

個別の計画へ

職員の連携

- ●雪遊びでの危険箇所について共通理解を図り、保育者の立ち位置や人数把握を徹底する。
- ●一人ひとりが保育者と一緒にじっくりと取り組むことができるように、作品作り担当と遊び担当に分かれて保育を行う。

保護者との連携

- ●インフルエンザや胃腸炎など、園内で感染症が出た時は、速やかに情報提供し、家庭でも体調に気をつけてもらうようにし、変化が見られる時には早期に連絡をしてもらう。
- ●作品展に向けた活動の様子やエピソードを伝え、成長を喜び合えるようにする。
- ●歯科検診の結果について保護者に知らせ、子どもによっては治療を勧める。

振り返り

- ●インフルエンザA型の流行により、罹患者が数名出た。次亜塩素酸水を噴霧する。換気を徹底するなどにより、広がりは抑えられたが、今後も引き続き感染症予防に努める。
- ●暖冬の影響により雪が多く積もることはなく、例年楽しんでいる冬ならではの雪遊びを思いきり楽しむまでには至らなかった。スノーウエアを着用して、雪の上に寝転がり、雪だるまを作って楽しんだ。色水やカップを使った雪遊びも取り入れることができたのではと反省が残る。雪遊びはあまりできなかったものの、三輪車乗りや「もぐら山」登りなどで体を動かし、また室内では、オニごっこや「あわぶくたった」などの集団遊びを楽しんでいるので、来月も保育者や友だちと関わって遊ぶ楽しさを味わえるようにする。
- ●今月は、新たに食器の片づけを取り入れ、食器の取り扱いや持ち方を知らせた。保育者と一緒にお椀を片づけることから始め、慎重に片づけられるようになってきた。来月は食器2枚を重ねて片づけるようにする。

4月 5月 6月 7月 8月 9月 10月 11月 12月 1月 2月 3月

2月 個別の計画 ｜ みりちゃん （3歳5か月）

子どもの姿

- 所持品の準備、排泄の自立など、一つひとつ「自分でできる」ようになっていくことが自信となっている。「みり、キリン組になる」と大きい組になることを楽しみにしている。

- 食べ初めにはしを使うものの、途中で「疲れた」と言って、スプーンやフォークで食事をする。

- 年末年始の休み明けより、園でトイレトレーニングを再開し、排泄は完全自立した。排便後は保育者が拭く。排泄後の手洗いが徐々に身につき、声かけが不要になりつつある。

- 朝の所持品の準備、コップ・歯ブラシをしまうなどの身のまわりのことを、保育者と一緒に行う中で、手順や方法を覚え自分でするようになった。室内ばきは自分ではく。左右反対でも気にせずに遊んでいる。

- 天気のよい日には、戸外で三輪車をこいだり、体を動かしたりして遊ぶ。

- クレヨンで顔を描いたり、はさみで折り紙を一回切りしたり、のりづけ、ビーズ通し、色や形などを確認して、「私の顔」「魚モビール」を製作し、作品展で見てもらうことを楽しみにしている。

ねらい

- 3歳以上児との交流を通して年長児に親しみをもち、3歳以上児の生活様式に慣れるとともに、進級することを楽しみにできるようにする。

- 簡単な食事の準備と片づけをする。

- 簡単な身のまわりのことを自分でしようとする。

- 冬の遊びを友だちと一緒に楽しむ。

内容（養護・教育）

- 身のまわりのことを自分でできる喜びや満足感を味わい、「お姉ちゃん組になりたい」という願いをもって楽しく過ごせるようにする。

- 雪玉作り、尻滑り、堅雪渡りなど、雪に触れて冬の遊びを楽しむ。

- 食後はお椀といすを片づけようとする。

- むっくりくまさん、かくれんぼなど、簡単なルールのある遊びを友だちと一緒に楽しむ。

- 簡単なかるた、メモリーゲームを保育者や友だちと一緒に楽しむ。

- 靴の左右に関心をもち、正しくはこうとする。

保育者の援助・配慮

- 大きい組になることへの憧れに共感し、会話の中で「もうすぐお姉ちゃん組だね」「お姉ちゃん組になったら○○できるって」など、楽しみや見通しをもって過ごせるように関わる。

- はしを並べて置き、はしで食べ始めた時に「そう、おはしで食べられるんだね」と認め、うまく使えない時には、皿を持つこと、「バンバーンの手だよ」（親指と人さし指を立て鉄砲の形）と知らせ、まねできるように保育者がはしで食べる姿を見せる。

保育者の援助・配慮

- 食器は両手でそっと包むように持つことを知らせる。お椀を片づける場所は一目でわかるように、イラストで示す。いすは引きずらずに両手で持って運ぶように伝え、保育者が重ねる。

- トイレの使い方（手の洗い方、ペーパータオルは一枚使う、ペーパータオルは小さく丸める等）を一つひとつ丁寧に伝え、3歳以上児のトイレに慣れるようにする。

- 左右に目印を示し、正しくはいた心地よさを味わえるようにする。

- 安全な場所で雪の上に寝転ぶほか、雪玉作り、尻滑り、堅雪渡りなどで雪に触れて楽しめるようにする。また、雪の冷たさや感触など、気づきや発見に共感する。

- ルールのある遊びでは、オニごっこのオニ役がクマやオニのお面をかぶることで、より楽しめるようにする。大きな声を出して追いかける、逃げる、笑い合うなどを経験し、「友だちと一緒は楽しい」「もっと一緒に遊びたい」と思えるようにする。

- かるたやメモリーゲームは、身近な食べ物や動物が描かれているものを選ぶ。

保護者との連携

- 様々な製作遊びのエピソードをとらえ、はさみやのりなどの用具を使えるようになったこと、顔（輪郭、目、鼻、口）を描けるようになったことを伝え、作品展に期待し、その成長を喜び合えるようにする。

- 排泄の自立、所持品の準備など、「自分でできる」ようになることで見通しをもって生活できることが誇らしく、いきいきとしていることを伝える。園と家庭での食事の様子を伝え合い、共通理解のもと無理なくはしを使っての食べ方に慣れるように話し合う。

みりちゃんの振り返り

- 「お姉ちゃん組になりたい」という憧れ、「あいなちゃんと一緒にキリン組になるんだ」と友だちとの生活への期待が膨らんでいる。3歳以上児とのふれあいはなかったので、今後、朝夕の時間で自然に関わるようにする。

- はしを使って食べ始め、「バンバーンってこう？」と確認しながら、食べるようになった。食事中盤ぐらいになると、「やっぱり難しい」とスプーンを使って食べ、「はしで食べたい」という気持ちとうまく使えないことのジレンマがある。お椀といすは両手で持って自分で片づけるようになった。

- 3歳以上児のトイレに抵抗はなく、「お姉ちゃんトイレで、おしっこできた」と誇らしそうである。排泄後の手洗い、ペーパータオルを丸めることもできるようになってきた。室内ばきは「こう？」と見せることが増え、左右を意識し始めているので、引き続き声かけと確認を行う。

- お面を使い、むっくりくまさんなどの簡単なルールのある遊びが楽しいと理解してきた。友だちと大きな声を出しながら楽しんでいる。かるたやメモリーゲームを楽しむが、自分がカードを取れないと悔しいと泣いたり怒ったりする。勝ち負けがあり、がんばる気持ちが出てきている。

2月 個別の計画 たくみくん（2歳11か月）

子どもの姿

- 情緒が安定し穏やかに友だちと楽しそうに遊んで過ごす。好きな保育者が傍にくると手を握ることがある。
- はしは握りばしで一人で食べようとする。
- 戸外の散歩の際は「おてて、つなぐよ！」と友だちの手をしっかり握り、自分のペースで歩いている。
- 閉じた丸が描けるようになった。丸を描くのが楽しいようで、青色のクレヨンで紙いっぱいに丸を描いて楽しんでいる。

ねらい

- 生活に必要な身のまわりのことをできるようになる。
- はしを使って楽しく食べる。
- ごっこ遊びや集団での遊びを通して、友だちと遊ぶ楽しさを味わう。
- 様々な素材や教材を使って、製作遊びを楽しむ。

内容（養護・教育）

- 「こうありたい」という思いがスムーズにいかないことについては、見通しを示し、少しだけ待つことで願いがかなう体験をできるようにする。
- 身のまわりのこと（登園時の所持品の準備、帰りの支度、おしぼりの準備、食器の片づけ等）を一人で行う経験を通して、生活の流れをイメージする。
- はしを使い、スプーンなども併用し、食材や調理形態に合わせて使ってみる。
- ごっこ遊びやオニごっこ、かくれんぼなどの簡単なルールのある遊びを楽しむ。
- 自由に描いたり、組み合わせたり（丸、三角、四角、顔のパーツの目・鼻・口等）して楽しむようにする。

保育者の援助・配慮

- 思いが通じず、じれったく感じる時には、表情や前後の状況などから気持ちを察し、「○○だったのかな？」「～が嫌だったのね」などと代弁し、思いが伝わっているという安心感をもてるようにする。
- 所持品の準備や片づけなど、できることは子ども自身で行うように声かけし、はじめての体験は保育者が一緒に行うことで興味をもつきっかけをつくる。
- 食器を片づけようとしている時には、扱い方（割れないように慎重に扱う、両手で包んで持つ）を伝え、一緒に行い、「自分でできた」という体験ができるようにする。

保育者の援助・配慮

● 「はしを使いたい」という気持ちを大切にし、「バンバンの手（親指と人さし指で鉄砲の形）で持つよ」と知らせる。疲れた様子が見られたら「スプーン、フォークにする？」と意思を確認し食具を変える。

● ままごとやパズルを友だちと一緒に遊べるように、時には仲立ちをする。

● 追いかける、隠れるなど、ワクワクする遊びは友だちと一緒が楽しいと感じられるようにする。

● 画用紙、クレヨン、ビーズなどを使い、様々な色や形を楽しむ。

● 絵描きを楽しむ中で、鏡を見て「目はどこだ〜？」などと問いかけ、体の部位を確認したりして、描くことと関連づけられるようにする。

保護者との連携

● はさみやのりなどを使えるようになったことや描くことを楽しんでいると伝え、成長をともに喜び合えるようにする。

● 進級に向けて、食事、排泄、基本的生活習慣（衣服の着脱、準備・片づけ、手洗い・うがい、鼻かみ）の手順を確認していることを伝え、家庭の様子も聞き、一緒に進めていけるようにする。

4月
5月
6月
7月
8月
9月
10月
11月
12月
1月
2月
3月

たくみくんの振り返り

● 食器の片づけ、所持品の始末などを一人でできるようになり、保育者の声かけの前に自分で行うなど、自らできることをしようとする。

● はしを選んで使って食べている。時々握りばしになることはあるものの、まわりを見たりして、時間がかかっても根気強く持ち直そうとする姿がある。

● アンパンマンのパズルを気に入り、集団遊びは保育者も入りながら一緒に追いかけっこなどを楽しめるようになった。

● 「これは何色？」という色のクイズを楽しみ、赤、青といった色の名前は理解できている。緑、黄色などは、使いながら覚えていった。

● 鏡で自分の顔を見て、目、鼻、口、耳をさわりながら、顔をイメージし楽しんで描いた。大きな丸の中に目、鼻、口を描き、人の顔を描くようになった。

3月

前月の子どもの姿と振り返り

Scene 1

振り返りにつながる観察記録

☑ 感染症が流行する時期でもあり、換気や消毒を徹底するなど、感染症予防に引き続き、クラス全員で取り組んだ。

観察と対応のポイント

急に体調を崩す場合もあるので、こまめに子どもの様子をチェックします。

Scene 2

振り返りにつながる観察記録

☑ 雪遊びはあまりできなかったが、三輪車乗りやオニごっこで体を動かし、集団遊びで友だちと関わって遊ぶことができた。

☑ 食器の片づけやトイレ後の手洗いなど、身のまわりのことができるようになってきている。

観察と対応のポイント

トイレ後の手洗いを忘れる子には、適宜、保育者が声をかけて促します。

2月の振り返り

- インフルエンザA型の流行により、罹患者が数名出た。次亜塩素酸水を噴霧する。換気を徹底するなどにより、大きな広がりは見られなかったが、今後も引き続き感染症予防に努める。冬期の環境については、積雪状況を見て遊具の雪を事前に下ろすなどの対策で、安全に楽しむことができた。

- 先月に引き続き、暖冬の影響により雪が多く積もることはなく、例年楽しんでいる冬ならではの雪遊びを思いきり楽しむまでには至らなかった。その中でも、1回程スノーウエアを着用して、雪の上に寝転がり、雪だるまを作って楽しんだ。色水やカップを使った雪遊びも取り入れることができたのではと反省が残る。雪遊びはあまりできなかったものの、二輪車乗りや「もぐら山」登りなどで体を動かし、また室内では、オニごっこやあわぶくたったなどの集団遊びを楽しんでいるので、来月も保育者や友だちと関わって遊ぶ楽しさを味わえるようにする。

- 今月は、新たに食器の片づけを取り入れ、食器の取り扱いや持ち方を知らせた。保育者と一緒にお椀を片づけることから始め、慎重に片づけられるようになってきた。来月は食器2枚を重ねて片づけるようにする。所持品の準備は、習慣として身についてきたので、自分でできることを喜び合い、進級に向けての意欲につなげる。トイレ後の手洗いを忘れる子がいるので、声かけと確認を行う。

3月の保育のねらい

☑ 気温差や体調の変化に留意し、健康に過ごせるようにする。

☑ 生活の節目節目で、手洗いを保育者と一緒に丁寧に行い、感染予防に努める。

☑ 保育者や友だちと一緒に、ごっこ遊びや簡単なルールのある遊びを楽しみ、関わって遊ぶ楽しさを味わう。

☑ 自分でできるようになった喜びを感じ、進級への期待をもって過ごす。

連続性を踏まえて月案を作成

4月
5月
6月
7月
8月
9月
10月
11月
12月
1月
2月
3月

3月 月案

- 風邪症状が見られる子はいるものの、元気に過ごすことができている。
- 食後の食器の片づけ、身のまわりのことなどは、自分でできることが増えてきている。進級することを楽しみにする姿も見られるようになってきた。
- オニごっこなどの集団遊びを、保育者や友だちと一緒に楽しむ姿が見られる。

	保育の内容	環境構成
養護（生命の保持・情緒の安定）	● 感染症（特に新型コロナウイルス）の予防の対策を十分にとり、健康に過ごせるようにする。 ● 身のまわりのことを自分でできるようになったことを認め、喜びや自信がもてるようにする。 ● 進級することに対しての期待をもてるようする。	● 一時間ごとの室内の換気やおもちゃなどの消毒を徹底する。室外と室内の温度差が大きいので、室温や衣類の調節をこまめに行う。 ● 歯ブラシを洗うことやケースへのしまい方について、手順を一緒に行う。 ● 新しい保育室や年長児に関心をもち、保育室に自由に行けるようにする。
教育（健康・人間関係・環境・言葉・表現）	● 登園時の所持品の準備や帰りの準備、歯みがき後の歯ブラシ洗いやケースにしまうことを自分でしようとする。 ● 手洗いと手拭きをしようとする。 ● 食べた後に、食器（2枚）やいすを片づけようとする。 ● 自らトイレに行き、排泄する。 ● 保育者や友だちと一緒に、簡単なルールのある遊び（「あわぶくたった」「むっくりくまさん」等）や、運動遊び（ボール、大縄、平均台等）を楽しむ。 ● 年長児の遊びに興味をもち、一緒に遊ぶことを楽しむ。 ● 早春の自然に触れたり、体を動かしたりして楽しむ（散歩、三輪車、コンビカー、「もぐら山」登り等）。 ● あいさつや返事をしようとする。	● 所持品を準備しやすいように、手の届く場所に、イラストで表示したカゴを置く。 ● 冷たい水だと洗わないこともあるので、抵抗感のないぬるま湯を出すようにする。 ● ごちそうさまのあいさつは、食べ終わったテーブルごとに行い、保育者と一緒に片づけ、場所が混み合わないようにする。 ● トイレ内の温度を20℃ぐらいに保ち、便座もあたたかくし、心地よく排泄できるように整える。 ● 必要な用具や遊具（スズランテープ、オニのお面、ボール、サッカーゴール、巧技台、タンバリン等）を準備する。 ● 3歳以上児と同じ空間で遊んだり、同じ遊びを楽しんだりする機会をつくる。 ● 近隣の散歩コースの下見を十分に行う。 ● 朝の会、帰りの会など、5〜10分程度の集まりの時間を設定する。

書き方のポイント

子どものつぶやきにじっと耳を傾けましょう。一人のつぶやきはほかの子どもたちと共感・共有することも多く、会話を楽しむことにつながります。

保育のねらい

- ☑ 気温差や体調の変化に留意し、健康に過ごせるようにする。
- ☑ 自分でできるようになった喜びを感じ、進級への期待をもって過ごす。

援助・配慮事項

- 感染症の発生状況を把握し、顔色、表情、遊びや食事の様子などから、急な体調変化を見逃さず、早急に対応できるようにする。感染症予防のため、熱、せきがないかを把握する。

- 子どもたちの動線を確認し、食事が終わった子から歯みがきをし、混雑しないようにする。

- 進級を楽しみにできるような言葉を選んだり、年長児と楽しくふれあう時間を設けたりする。不安を示す子に対しては、そのサインを早期に受け止め、現在の生活やリズムを大切にして関わる。

- 自分でしようとする姿を見守り、子どもが「こう?」と確認する言葉に、「うん、そうそう」などと応えながら、自分でできる姿を認める。歯ブラシの片づけに関しては、持ち方や置き方を伝え、一緒に行う。

- ペーパータオルを準備し、手指、手首までしっかりと拭いているかを確認する。

- 食器は割れることや大切に扱うこと、重ねた食器の持ち方を伝え、子どもが片づけるのを見守る。いすは引きずらないで両手で運ぶように声をかける。

- 男児用トイレと女児用トイレの違いに気づき、それぞれのトイレで排尿する。

- 子どもたちも保育者と交互にオニ役になり、追いかけたり、手をつないだり、声を出したりして遊ぶ中で、友だちとルールがある遊びの楽しさを味わえるようにする。

- 一緒に遊ぶことができるように、3歳以上児の保育者と連携を図り、ともに遊ぶ中でのやりとりを見守り、仲立ちして思いを伝える。また、ぶつかるなどの危険がないように配慮する。

- 季節の移り変わりを感じられるコースを選び、子どもたちのつぶやきや発見に耳を傾け、それを散歩の途中で取りあげながら、園外散歩ならではの発見を楽しめるようにする。

- 毎日の集まりの時間に、「おはようございます」「いただきます」「ごちそうさま」「さようなら」などのあいさつを保育者と一緒にし、あいさつする気持ちよさを味わえるようにする。

個別の計画へ

職員の連携

- インフルエンザや新型コロナウイルスなど、感染症の具体的な対応法を確認し合う。

- 進級に向けて、基本的生活習慣の見直しを行い、個々に必要な援助を確認し合う。

- 成長記録や引継ぎ事項をまとめ、次年度の担任と連携を取る。

保護者との連携

- 1年間の子どもの成長を伝え、喜び合う。進級に向けて不安に思っていることがあれば、話を聞き、進級に対する不安を軽減し、安心感と期待をもって進級を迎えられるようにする。

- 基本的生活習慣の自立について、具体的な援助やポイントを伝え、園と同じように進めてもらう。

- 感染症予防について、園の対応を知らせ、毎日の検温や玄関での送迎等の対応を理解してもらうとともに、細かな体調の変化を伝え合う。

- 歯科検診の結果について、保護者に知らせ、子どもによっては治療を勧める。

4月 5月 6月 7月 8月 9月 10月 11月 12月 1月 2月 3月

振り返り

- 遊んでいて暑いと脱いだり、外に出て寒いと防寒具を着たりなど、保育者が促さなくてもできるようになってきた。手洗い・うがいは、促されると慌てて水場に向かう姿があるが、手順は身についてきている。鼻をかむことについては十分な対応ができず、今後の課題である。

- 「一緒に遊ぼう」など、誘い合って遊ぶ姿が多くなった。ままごとでは役割があり、簡単な集団遊びでは、ルールがあるとより楽しいことに気づき始めている。

- 所持品の準備や始末を自分でやってみる姿が先月よりも見られた。歯ブラシを洗ってケースにしまう、皿を2枚重ねて片づけるなど、子どもなりの工夫が見られ、スムーズにできるようになってきた。

子どもの姿

- 「あいなちゃんと一緒にキリン組になるんだ」との進級への期待が膨らんでいる。朝夕の時間はホールを共有し同じ空間で過ごしているためと考えられる。

- はしの持ち方を「バンバーンってこう?」と確認して食べ始める。途中「やっぱり難しい」と言って、はしで食べたい気持ちとうまく使えないことのジレンマがある。食後は、お椀といすを両手で持って自分で片づけるようになった。

- 3歳以上児のトイレに喜んで行き、「お姉ちゃんトイレで、おしっこできた」と誇らしげである。排泄後の手洗いはスムーズにできるようになってきた。

- ルールのある遊びを友だちと楽しんでいる。むっくりくまさんは自分で作ったお面をかぶり、大きな声を出し遊ぶ。

- 食べ物かるたやメモリーゲームで、自分がカードを取れないことが続くと、泣いたり怒ったりして悔しがる。

ねらい

- 年上児へのあこがれを受け止め、進級することへ期待を持ち生活できるようにする。

- 身のまわりのことを自分でできるようになることの誇らしさを味わう。

- 春の自然に触れ、体を動かして楽しむ。

- 友だちと関わって遊ぶことを楽しむ。

- 年長児と一緒に遊ぶことを楽しむ。

- 靴の左右を意識し、正しくはこうとする。

内容（養護・教育）

- 身のまわりのことができる自信と進級へのうれしい気持ちに寄り添い、一日一日を楽しく過ごせるようする。

- 新型コロナウイルス感染症予防のため、子ども自身だけでなく家族の健康状況を把握し、手洗い・うがいを徹底する。

- 様々な食品を食べようとする。食後は皿を2枚重ねて片づけようとする。

- 鏡を見て歯みがきをし、仕上げみがきが終わったら、歯ブラシを水で洗いケースにしまおうとする。

- 年長児の遊ぶ姿を見て憧れ、まねをし、大型遊具を使っての遊びを一緒に楽しむ。

保育者の援助・配慮

- 新型コロナウイルス感染症予防としての三密を避けることは子どもにとって難しいので、手洗い、手拭きを徹底する。登園時の体温の確認、日中の健康状態と体温を把握し、疑わしい場合は迅速に対応する。

- 4月からの生活に期待をもつきっかけとなるように、大きい組になることへの憧れに共感し、3歳以上児が朝の会や食事をする様子を見る機会を設ける。ゆるやかなペースで3歳以上児の生活様式に移行できるように配慮する。

- はしを使って食事することと大きくなることは連動しているようだ。食材の話をし、会話をすることで、様々な食品を楽しく食べられるようにする。

保育者の援助・配慮

●食器は割れるので大切に扱うこと、2枚重ねた食器は両手で包み、親指を上の皿に引っかけて持つことをくり返し伝え、「そうそう、できたね」と声をかけ、自分で片づける喜びを感じられるようにする。

●鏡を見ながら歯みがきをする動作を保育者が行って見せる。仕上げみがきは、これまで通り保育者が丁寧に行う。新たに取り組む歯ブラシ洗いとケースにしまうことについては、その手順を丁寧に知らせる。

●季節の移ろいを感じられる散歩コースを選び、つぶやきや発見に共感し、園外ならではの開放感と楽しさを味わえるようにする。大きい園庭に出て、新しい木製遊具の遊び方や約束を伝え、全身を動かして楽しめるようにする。

●ルールのある遊びが楽しいことであると理解してきたので、そのレパートリーを増やしていくようにする。

●朝夕のホールで過ごす時間に、3歳以上児と遊べるようにする。

保護者との連携

●新型コロナウイルス感染症予防のため、体調不良の時は通院し医師の診断を受けるようにお願いする。家族に発熱、せきなどがある場合も園に伝えてほしいことを話す。送り迎えは玄関のみとする。園舎立ち入りの場合は、手洗いを行い、マスク着用をお願いする。玄関付近が混雑しないように工夫する。

●身のまわりのことを自分でできるようになってきたことや進級することを楽しみにしている姿を伝え、一年間の成長を喜び合う。家庭からの進級に向けての問いには、3歳以上児の生活の様子を丁寧に伝える。

書き方のポイント
新型コロナウイルスの感染予防について園で決めた具体的な対策を計画に記入します。

みりちゃんの振り返り

●3歳以上児の朝の会や食事をする様子を見に行ったことで、ますます「お姉ちゃん組になる」という期待が大きくなっている。友だちと楽しく遊び、いきいきと過ごしている。

●はしを使っての食事に慣れ、スプーン、フォークは使わずに食事するようになった。それに伴い、家庭でもはしを使うようになった。好き嫌いはなく、何でもおいしく食べ、食べきって皿がきれいになることを喜んでいる。

●食後の皿の片づけはスムーズになり、新たに取り入れた歯ブラシ洗い・ケースにしまうことも、自分でするようになった。鏡を見ての歯みがきは「できないから、先生して」ということもある。簡単な身のまわりのことはほぼ自分でしようとし、成長を感じる。靴の左右を意識するものの、反対にはくこともまだある。

●散歩は数回楽しみ、途中で「疲れた」ということもなく、足腰が強くなり力強く歩くようになった。

●3歳以上児と一緒に遊ぶ時、保育者が傍にいることで安心し、「みりちゃん」と名前を呼ばれ喜んだ。

3月 個別の計画 | たくみくん （3歳0か月）

子どもの姿

- 所持品の準備や始末、はしでの食事、食器の片づけなど、うまくいかない中でも工夫して、ひとつずつできることが増え、その都度、喜びや自信になっている。
- 握りばしも保育者が声かけすると、「こう？」と聞いて持ち直そうとする。
- 自分の思いを言葉で表わせることも、うまく伝えられないこともある。話したいことが様々あって、湧き出てくるように保育者に話しかけ会話を楽しんでいる。
- 手つなぎオニやかくれんぼなどの遊びに興味が出てきて、保育者と一緒に行っている。気の合う友だちとは手をつなぎ、親しみを表す。

ねらい

- 園の生活の流れを見通し、身のまわりのことができるようになり、安心して生活する。
- 食事の前後の準備を行い、はしを使って楽しく食べる。
- 自分の思い（してほしいこと、楽しいこと、いやなこと等）を、言葉でやりとりする。
- 友だちと一緒にごっこ遊びや集団遊びなどを楽しむ。

内容（養護・教育）

- 自分でできるようになってきた誇らしさと進級に対する期待とが重なり、充実した生活をする。
- 生活を見通し、おしぼりや食器などの準備や片づけなど、できることをやってみようとする。
- 食器に手を添え、はしを三本の指（親指、人差し指、中指）で持って食べるようにする。
- 友だちと遊ぶ中で、思いや感情を言葉にして伝える経験を重ねる。
- 生活や遊びの中で、まわりの友だちや年長児の姿に興味をもち、まねしたり、関わったりして遊ぶ。
- オニごっこ、あぶくたった、むっくりくまさんなどの簡単なルールのある遊びを楽しむ。

保育者の援助・配慮

- 新型コロナウイルス感染予防のため、手洗いは手のひら、手の甲、指先と一緒に念入りに洗うようにする。特に戸外から戻った時はしっかりと洗う。発熱、せきなど、健康状態は登園時に綿密に確認するとともに、検温を行う。
- 持ち物の整理や身支度など、一日の生活の中で、一人でできるようになっていく過程を見守る。
- もう少しで「キク組（3歳児）」になると、「お外のジャングルも使えるし、自転車にも乗れる」「お料理（クッキング）もできる」などと、進級をイメージし、期待をもてるように声をかける。
- 一緒に配膳し、メニューをおいしそうに紹介し、食事を楽しみにできるようにする。

保育者の援助・配慮

- 「これはトマトだね」「どんな形かな」「どんなにおいかな」などと問い、色や形、味覚を連動させて味わう体験を重ねるようにする。
- 友だちに対して思いを伝えよう、話を聞こうとする気持ちが醸成されるように、保育者が話や思いをよく聞く。
- 3歳以上児とホールやトイレなど、同じ空間を共有し一緒に生活し、進級に期待がもてるようにする。
- 手つなぎオニごっこやかくれんぼをやってみたいという気持ちが出てきているので、オニのお面を作ったりして遊びが盛り上がるようにする。お面作りなどが「楽しかった」という経験になるようする。
- 遊びにも簡単な約束やルールがあり、それによってみんなで遊びを楽しめることを、少しずつ感じられるようにする。

保護者との連携

- 進級後の生活については、4月当初は3月の生活を継続し、次第に幼児クラスの生活へ移行して新しい生活リズムに慣れるようにすることを話す。
- 身のまわりのことがほとんどできるようになった姿を、エピソードを交えて伝える。また、一人でできる姿を見てもらえる機会をつくり、これまでの成長を互いに喜び合う。
- 新型コロナウイルス感染の対応として、玄関での受け入れとなることや毎朝の検温を理解してもらうとともに、家族全体の健康状態と渡航歴も確認する。

書き方のポイント

保護者にとってイメージしやすい配慮と伝え方を考えましょう。

4月 5月 6月 7月 8月 9月 10月 11月 12月 1月 2月 **3月**

たくみくんの振り返り

- 保育者から進級の話を聞き、友だちの姿を見て、大きくなること（進級）を意識するようになった。「キク組（3歳児）」になること、部屋が変わることに対して期待し、「ぼくもキク組になりたい！」と気持ちを弾ませ進級に向けての期待やうれしさも感じている。
- 保育者や友だちと「バンバーンってこうだよね」とはしの持ち方を確認し合う姿が多くなり、食材をつかみやすい持ち方（親指、人さし指、中指で支える）ができるようになった。「先生、ほら見て！　できたよ」と言い、豆など、小さくて丸い食材もつまめるようになった。
- 友だちがしていた「とんとんとん何の音？」や「むっくりくまさん」に興味が出て、保育者と一緒だと楽しくくり返す。初めは友だちの姿を見て逃げたりしたが、声を出したりまねをしてくり返したりするうちに、自分なりにのびのびと遊べるようになってきた。
- 簡単なルール（「オニ役の人」「逃げる人」等）を理解できるようになり、友だちと一緒に遊ぶこと、集団で遊ぶことの楽しさやおもしろさを感じられるようになった。

第3章

乳幼児保育の基本と展開

1 生涯発達における乳幼児期の意義

① 社会の中の子ども ——関係の網目の中で生きる

　人（乳児）は、すでにある人やものの関係の網目の中に生まれてきます（図6参照）。そして、そこで生活を始めることになります。そこでの生活は人（乳児）の生きることを方向づけます。

図6　社会の中の子ども

```
          マクロシステム
          ● 社会制度の体系
          ● 文化
          ● 宗教
          ● 子ども観、教育観等

メゾシステム
● 家庭と保育所、
　認定こども園、幼稚園、
　学校などとのつながり      子ども      エクソシステム
● 家庭と近隣とのつながり                 ● 親の職場環境
                                        ● きょうだいの学校
マイクロシステム                         ● 親の友人
● 家族、保育所、                         ● 地域の子育て支援活動等
　認定こども園、幼稚園、
　学校等
```

参考文献：U.ブロンフェンブレンナー著、磯貝芳郎・福富護訳『人間発達の生態学―発達心理学への挑戦』川島書店、1996年

　発達初期の子どもは、生きていくうえで最低限必要な力をもって生れてきます。その力は、体の内外に向けて活発に動いています。しかし、その力だけで生活は成り立ちません。周囲の人（保護者や保育者）に「受け止められ応答」してもらうことで、その力ははじめて「生きる力」となり、乳児の生活が成り立ちます。この意味において、乳児が生きることは、その最初から社会の中での営みとなります。

　また、乳児と生活を共にする人（保護者や保育者、以下同様）も、一人では生きていません。多様な関係の網目の中での行動の積み重ねによって得られた、生活に対する感覚や考え（価値観）をもってそこに居ます（図6の「マクロシステム」参照）。つまり、家庭や保育の場でくり広げられている関わりは、子どもと保護者や保育者との関わりだと映りますが、保護者や保育者の背後に多くの人との関わりがあるということから、社会の中での営みなのです。

　社会は、多くの人の具体的な関わりの在り方の総体です。社会は、人の在り方や育ちに影響を与えます。そして、社会は一定ではありません。時間（時代）と空間（具体的な生活の場）での人やものとの関わりが変わると、社会も変化します。

　先に述べたように発達する存在としての子どもは、自らの力だけで生きることができず、自らの生きる力を大人に受け止められ応答されることで、その生活が成り立つという特性をもっています。人として自立するまでの一定期間は、保護者や多くの大人に保護されながら、人として尊重されることになります（図7参照）。

図7　子ども権利条約・4つの柱

1　生きる権利	2　育つ権利	3　守られる権利	4　参加する権利

子どもの権利条約
- 子どもの基本的人権を国際的に保障する条約
- 子どもを一人の人間としての人権を認め、成長の過程で特別な保護や配慮が必要な子どもならではの権利も定めている
- 権利の4つの柱 ── 生存、発達、保護、参加という包括的な権利を実現・確保するための具体的な事項の規定
- 対象は18歳未満の児童（子ども）
- 1989年の第44回国連総会において採択、日本は1994年に批准する

② 変化の激しい 予測困難な社会を生きる力

　社会は今、激しい変化の中にあり、未知の課題に試行錯誤しながらも対応することが求められる「知識基盤社会」であると言われます（表4参照）。

表4　社会の変化と必要とされる力

	これまでの社会	これからの社会
社会の在りよう	変化が比較的穏やかな安定した社会 ➡先行きが予測可能 ● 工業化社会	変化の激しい社会 ➡先行きが予測しにくい ● 知識基盤社会
社会を生きる上で必要とされる力	● 知識技能の習得、再生 ● 情報処理力	● 知識技能の習得、再生 ● 情報処理力 　　　＋ ● 知識技能の活用 ● 情報編集力
学びの目指す方向	情報化やグローバル化など急激な社会的変化の中でも、未来の創り手（よりよい社会と幸福な人生の創り手）となるために必要な資質・能力を獲得する	

　このような社会の中で、子どもとどのような生活をつくり上げていけばよいのでしょうか。また、変化の激しい社会を生きていくうえで、子どもにはどのような資質・能力が望まれているのでしょうか。

　中央教育審議会教育課程企画特別部会では、知識基盤社会にあって「…（略）…新たな価値を生み出していくために必要な力を身につけ、子供たち一人一人が予測できない変化に受け身で対処するのではなく、主体的に向き合って関わり合い、その過程を通して、自らの可能性を発揮し、よりよい社会と幸福な人生の創り手となっていけるようにすることが重要である」と述べています。さらに、知識基盤社会において、新たな価値を生み出していくために必要な資質・能力として3つの柱、「知識・技能」「思考力・判断力・表現力等」「学びに向かう力・人間性等」を示しました（図8参照）。

　人は、今もち合わせている能力を使って生きています。よりよく生きようとすると、今もち合わせている能力（何を理解しているか・何ができるか＝知識・技能）がある

図8　育成を目指す「資質・能力」

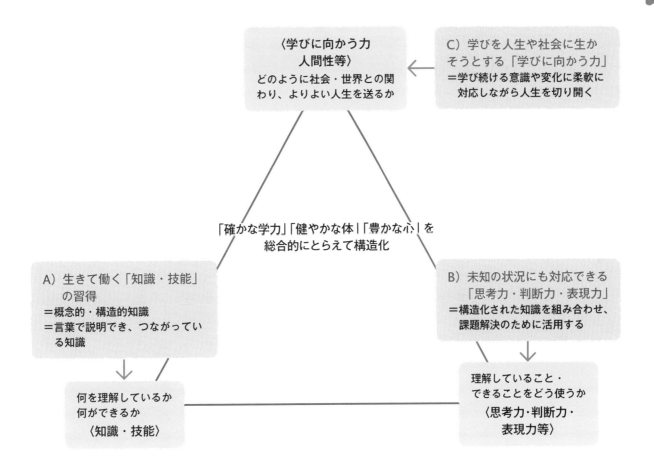

〈学びに向かう力
人間性等〉
どのように社会・世界との関わり、よりよい人生を送るか

C）学びを人生や社会に生かそうとする「学びに向かう力」
＝学び続ける意識や変化に柔軟に対応しながら人生を切り開く

「確かな学力」「健やかな体」「豊かな心」を
総合的にとらえて構造化

A）生きて働く「知識・技能」の習得
＝概念的・構造的知識
＝言葉で説明でき、つながっている知識

B）未知の状況にも対応できる「思考力・判断力・表現力」
＝構造化された知識を組み合わせ、課題解決のために活用する

何を理解しているか
何ができるか
〈知識・技能〉

理解していること・できることをどう使うか
〈思考力・判断力・表現力等〉

出典：中央教育審議会教育課程企画特別部会、平成28年8月1日　資料2より

　程度、豊かであることが必要です。さらに、この今もち合わせている知識・技能を、どこで・どのように用いて行動するのかを判断する、「持ち合わせの力を用いる力（思考力・判断力・表現力等）」も必要です。

　また、今のもち合わせの力だけでは乗り越えるのが困難な状況で、「こうありたい・こうしたい（よりよく生きたい）」と、今を超えていこうとする力も必要になります。これは「学びに向かう力」と言えます。

　子ども一人ひとりの「こうありたい・こうしたい（よりよく生きたい）」内容は、それぞれの人間性に関わる部分だと考えることができます。そして、これらの資質・能力は、社会の中での生活（人やものとの関わり）を通して培われるということです。

③ 生涯発達における 3歳未満の時期の重要性

　予測困難な社会を生きていくうえで必要な力を、中央教育審議会は「育みたい資質・能力」と言っています。これらの力は、ある年齢になったら、突然に現れるものではありません。それでは、この育みたい資質・能力は、どのようにして育まれるのでしょうか。

エリクソン（Erikson）の心理・社会的発達

　エリクソンは、人間を「身体・心理・社会的」存在ととらえました。そして、これらを包含して発達をとらえ、「心理・社会的」と言いました。さらに、人間を生涯全体に渡り、変化していく主体ととらえ、その生涯を8つの時期に分けました（表5参照）。

　表5に示されているのは心理・社会的自我の性質であり、人間が生きていくうえでなくてはならない心理・社会的な能力です。また、社会で生きていくためにはプラスとマイナスの力が拮抗して働き、精神（心）のバランスを取ることが必要になります。この拮抗する関係を対（：）で表しています。

　例えば、Ⅰ期（乳児期）の心理・社会的能力として「基本的信頼：不信」が挙げられています。基本的信頼感は、人が生きていく世の中を、周囲の人を、そして、自分自身を信じるという絶対的とも言える信頼感です。この信頼感のうえに日々の生活があり、この感覚なくしては安心してそこに居ることができません。この感覚が不信感にまさっていることが、生きることに希望をもつことになります。そして、この時期は、様々な活動を通して、身につけたい力（育みたい資質・能力）を獲得していきます。対（：）で表されているのは、基本的信頼感の体験＞不信の体験ということであり、不信の体験がゼロということではありません。現実的に、乳児からの欲求をすべて的確に読み取って満たす関わりは不可能と言えます。

　本書では、エリクソンの心理・社会的発達図式のⅠ期とⅡ期、年齢的には3歳未満について取り扱うことになります。

表5　エリクソンの個体発達分化の図式（ライフサイクル論）

段階	時期	心理・社会的危機所産	導かれる要素	若干の補足
I	乳児期	基本的信頼：不信	望み（希望）	自分が生きていく世の中を、周囲の人を、そして自分自身を信じるという絶対の信頼感を基本的信頼感という。
II	幼児期前期	自律：恥・疑惑	意思	外からの働きかけを受け止めて、自分の欲求をコントロールする仕組みを内在化する。つまり、外からの要求と自分の内側からの欲求のバランスを取る（自律性）ということ。
III	幼児期後期	自発性：罪悪感	目的感	自発性とは自分の欲求のままに動くことではない。外的・内的なバランスを保ちつつ行動しようとする状態をいう。つまり、自分が自分の行動の中心となることをいう。
IV	児童期	勤勉：劣等感	有能感	勤勉とは、自分の知的要求と外からの働きかけ（外的な要求）とのバランスがとれている状態をいう。このバランスがとれているときに、学ぶことが興味深く面白くなる
V	青年期	同一性：役割の混乱	忠誠心	以下略
VI	成人期	親密：孤独	愛情	
VII	壮年期	生殖性：停滞	世話（育み）	
VIII	老年期	自我の統合：絶望	知恵	

参考文献：E.H.エリクソン著、仁科弥生訳『幼児期と社会』みすず書房、1977年
　　　　　鑪幹八郎『アイデンティティの心理学』講談社現代新書、1990年
　　　　　鑪幹八郎、山下格編集『アイデンティティ』日本評論社、1999年

生涯発達における3歳未満の時期の重要性

　3歳までの子どもの生活（遊びを含む）の在りようが、生涯発達の基礎をなすことは、先にあげたエリクソンやアタッチメント研究の成果などから、自明のこととなりつつあります。また、これについては、現行の保育所保育指針、幼保連携型認定こども園教育・保育要領の改定（訂）時においても議論され、それらを踏まえて3歳未満児の保育の内容が策定されました（表6参照）。

　3歳未満までの保育において子どもに体験してほしいことは、基本的信頼感の獲得です。これは社会に対する、他者に対する、自分自身に対する信頼の感覚を確かにもてるようになることです。また、自らの周囲の人やものに対する興味・関心から、世界が広がることを体験すること、つまり、学びが芽生え、広がっていくことの喜びをもつことです。この2つの側面から、その内容が「3歳未満児の保育の内容」に記載されました。

表6　3歳未満における保育の重要性

3歳未満という時期	この時期の体験	子どもの体験内容	保育のあり方・意義
生涯に渡る成長・発達の基礎をつくる この時期の保育（生活）のあり方が、その後の成長や社会性、自尊心、自己制御、忍耐力といった社会情動的スキル（非認知的能力）の基礎となる	基本的信頼感の獲得	● 保護者や保育士など特定の大人との愛着関係を成立させる ● 食事や睡眠などの生活リズムを獲得する ● 自己という感覚や自我を育てていく	● その後の成長や生活習慣の形成、社会性の獲得にも大きな影響を与えるものであり、子どもの主体性を育みながら保育を行うことが重要である ● 基本的信頼感を形成することは、生涯を通じた自己肯定感や他者への信頼感、感情を調整する力、粘り強くやり抜く力などを育むことにつながる ● 保育士等が子どものサインを適切に受け取り、発達を見通して温かく応答的に関わっていくことが重要である ● 保育士等によって、それぞれの子どもの発達過程に応じた「学び」の支援が、適時・適切に行われることが重要である ● その際、発達の連続性を意識するとともに、3歳以降の成長の姿についても意識して、保育を行うことが重要である
	学びの芽生え	● 子どもの自発的行動（興味・関心）が受容される ● 歩行の始まりから完成、言葉が獲得される ● 人やものへの興味・関わりを更に広げ、気づいたり、考えたり、主張することをくり返しながら自己を形成していく ● 簡単な言葉なども用いた子ども同士の関わりの中で、他者と関わる力の基礎を育む	

保育所保育指針の改定に関する議論のとりまとめ（厚生労働省・社会保障審議会、平成28年12月21日）を参照し、筆者作成

2 保育の基本 ——保育所保育を中心に

① 生活の場

　保育所や認定こども園は、子どもたちの生活の場です。子ども（3歳未満児）はそこで生活（遊びを含む）することで、「望ましい未来を作り出す力の基礎（保育所保育指針）」を培うことになります。子どもたちとその生活を共にする保育者は、子どもたちの主体性を尊重し、かつ、一人ひとりの主体としての内実が豊かになる生活を展開することを通して、この時期にふさわしい発達体験が得られるような生活の場にしていかなければなりません。

● 主体的存在——3歳未満児の主体性

　主体性とはどういうことを言うのでしょうか。鯨岡（2010）[1] は「一人の人間が『こうしたい』『そうしたくない』『こうしてほしい』『こうなればいい』という自分独自の思いをもって生きる姿を現した概念、つまり、心の育ちと密接に結びついた概念」と言っています。自己が曖昧な状態にあり、自分独自の思いを明確に意識しているとは考えられない3歳未満の子どもたちの主体性を、どのように考えたらよいのでしょうか。

　阿部（2007）[2] は、「乳児は生きるうえでの最低限のことも他者の援助を必要とする、つまり、してもらうことがほとんどであるが、それでも主体的な存在であるということは、乳児に行動を起こさせる欲求そのものがまぎれもなく乳児自身のものだからである」というように、欲求するそのことに子どもの主体性を見ています。そして、「乳児は、自身の内外に生起する様々なことを自身のこととして意識することはできないが、ケアをする大人とは異なる自身の内面をもっている」と言います。ケアする大人にもわかりにくい、そして乳児自身もわからない、この内面のわからなさも含めて、その乳児の固有の世界として尊重することを、自己を獲得する前の子どもの主体

1　鯨岡峻『保育・主体として育てる営み』ミネルヴァ書房、2010、p.10
2　阿部和子編著『乳児保育の基本』萌文書林、2007、p.9 ～ 10

性のありようと考えています。

　自己を獲得する前のおおよそ3歳までの子どもは、以上のように「独自の世界をもつ主体的存在として尊重される」生活を通して、ほかの人とは異なる独自の世界もつ存在として自己を意識化していきます。と同時に自己の内面も豊かにしていきます。

　子どもを主体として尊重した生活（保育）は、主体としての他者（保護者や保育者など）との関わりにおいて実現することになります。保育する主体としての保育者は、子どもの発達過程を見通して、子どもが望ましい未来をつくりだす力の基礎を培ううえで、この時期にふさわしい発達体験が得られる関わりをすることになります。

● 主体的存在として受け止められ主体として育つ

　乳児期にふさわしい発達体験は、発達を促すために特別に何かをすることではありません。子どもからの欲求を受け止めて、一人ひとりの子どもの発達過程に沿い、その欲求充足のためのやり取りに育ちへの願いをもち、日々重ねることの中にあります。

　例えば、初期のほとんど寝てばかりいる生活の中で、子どもの空腹からくる不快感を解消するための行動（泣き）には授乳することで応答します。この応答には、空腹を解消するだけではなく、今、ここで体験していることは「おなかが空いた」ということだという意味のまとまりを、そして、その欲求をしているのは自分であるという感覚をもてるように、また、やがては生活のリズムが安定し整っていってほしいという、保育者の子どもの育ちへの願いがあります。

　子どもの生活の必要からくる様々なやりとりの体験を重ねる、生活の基底を成すものが日課（ディリー・プログラム）です。この日課を、子どもが主体として受け止められるためには、どうあればよいのでしょう。ここでは、他章で展開される保育の内容の「心身発達に関する視点（0歳児）──健やかに伸び伸びと育つ」、「心身の健康に関する視点（1・2歳児）──健康」を少し先取りして、日課（日々の過ごし方）との関係で見ていくことにします。

日課と養護的側面──主体として受け止められる

　乳幼児期の保育は、養護的側面を基盤にして実践されます。このことを最初に保育所保育指針で確認します（表7参照）。

表7　養護に関わるねらい及び内容

	ねらい	内容
生命の保持	①一人一人の子どもが、快適に生活できるようにする。 ②一人一人の子どもが、健康で安全に過ごせるようにする。 ③一人一人の子どもの生理的欲求が、十分に満たされるようにする。 ④一人一人の子どもの健康増進が、積極的に図られるようにする。	①一人一人の子どもの平常の健康状態や発育及び発達状態を的確に把握し、異常を感じる場合は、速やかに適切に対応する。 ②家庭との連携を密にし、嘱託医等との連携を図りながら、子どもの疾病や事故防止に関する認識を深め、保健的で安全な保育環境の維持及び向上に努める。 ③清潔で安全な環境を整え、適切な援助や応答的な関わりを通して子どもの生理的欲求を満たしていく。また、家庭と協力しながら、子どもの発達過程等に応じた適切な生活のリズムがつくられていくようにする。 ④子どもの発達過程等に応じて、適度な運動と休息を取ることができるようにする。また、食事、排泄、衣類の着脱、身の回りを清潔にすることなどについて、子どもが意欲的に生活できるよう適切に援助する。
情緒の安定	①一人一人の子どもが、安定感をもって過ごせるようにする。 ②一人一人の子どもが、自分の気持ちを安心して表すことができるようにする。 ③一人一人の子どもが、周囲から主体として受け止められ、主体として育ち、自分を肯定する気持ちが育まれていくようにする。 ④一人一人の子どもがくつろいで共に過ごし、心身の疲れが癒されるようにする。	①一人一人の子どもの置かれている状態や発達過程などを的確に把握し、子どもの欲求を適切に満たしながら、応答的な触れ合いや言葉がけを行う。 ②一人一人の子どもの気持ちを受容し、共感しながら、子どもとの継続的な信頼関係を築いていく。 ③保育士等との信頼関係を基盤に、一人一人の子どもが主体的に活動し、自発性や探索意欲などを高めるとともに、自分への自信をもつことができるよう成長の過程を見守り、適切に働きかける。 ④一人一人の子どもの生活のリズム、発達過程、保育時間などに応じて、活動内容のバランスや調和を図りながら、適切な食事や休息が取れるようにする。

　保育における養護的側面は生命の保持に関するもの、情緒の安定に関するものの2つの側面から述べられています。主体性に直接に関わって表現されているところは、情緒の安定のねらいの③と内容の③です（表7参照）。

　保育の営みのすべてにおいて、保育士等との信頼関係を基盤に、一人ひとりの子どもが主体的に活動し、自発性や探索意欲などに適切に働きかけることを通して、主体として育ち、自分を肯定する気持ちが育まれていくようにすることが、ねらいとしてあるということです。ここで確認しておきたいことは、養護的側面は「一人一人」に向けての関わりであるということです。一斉に全員に向けての働きかけではなく、一人ひとりの状況に合わせて働きかけるのであり、一人ひとりの必要への対応は、個別に行われます。一日の過ごし方（日課）においても一人ひとりの主体性（個別性）が尊重されることになります。

日課と「心身の健康に関する領域（健康）」との関係

　保育所、幼保連携型認定こども園における保育の「心身の健康に関する領域」の目標は、以下の通りです。

> （イ）健康、安全など生活に必要な基本的な習慣や態度を養い、心身の健康の基礎を培うこと（保育所保育指針第1章総則1（2））。

一　健康、安全で幸福な生活のために必要な基本的な習慣を養い、身体諸機能の調和的発達を図ること（認定こども園法第9条）。

　この目標をさらに具体化したのが0歳から6年間の「心身の健康に関する領域」のねらいとそのねらいを達成するための体験内容です（表8参照）。例えば、幼児期の終わりまでに育ってほしい姿として「ア　健康な心と体：保育所の生活の中で、充実感をもって自分のやりたいことに向かって心と体を十分に働かせ、見通しをもって行動し、自ら健康で安全な生活をつくり出すようになる」があります。これらの姿は、健康の領域を中心にして、5つの領域全体の体験を通して育まれるものですが、0歳児クラスからの毎日の生活を通して育まれるものであることを理解しておきたいものです。3歳未満児からの育ちの連続性の中に幼児期の終わりごろの姿があるので、発達の見通しをもつうえでも、乳幼児保育においても、そのねらいと内容を通して理解することが重要になります。

　以上のような考え方をベースにして、3歳未満児の日課がどのようになっているのかを見ていきましょう。

表8　健やかに伸び伸びと育つ（0歳児）⇒健康（1歳児以上）

区分		ねらい	内容
0歳	健康な心と体を育て、自ら健康で安全な生活をつくり出す力の基礎を培う。	(1) 身体感覚が育ち、快適な環境に心地よさを感じる。 (2) 伸び伸びと体を動かし、はう、歩くなどの運動をしようとする。 **(3) 食事、睡眠等の生活のリズムの感覚が芽生える。**	**(1) 保育士等の愛情豊かな受容の下で、生理的・心理的欲求を満たし、心地よく生活をする。** (2) 一人一人の発育に応じて、はう、立つ、歩くなど、十分に体を動かす。 (3) 個人差に応じて授乳を行い、離乳を進めていく中で、様々な食品に少しずつ慣れ、食べることを楽しむ。 **(4) 一人一人の生活のリズムに応じて、安全な環境の下で十分に午睡をする。** (5) おむつ交換や衣服の着脱などを通じて、清潔になることの心地よさを感じる。
1,2歳	健康な心と体を育て、自ら健康で安全な生活をつくり出す力を養う。	(1) 明るく伸び伸びと生活し、自分から体を動かすことを楽しむ。 (2) 自分の体を十分に動かし、様々な動きをしようとする。 **(3) 健康、安全な生活に必要な習慣に気付き、自分でしてみようとする気持ちが育つ。**	**(1) 保育士等の愛情豊かな受容の下で、安定感をもって生活をする。** **(2) 食事や午睡、遊びと休息など、保育所における生活のリズムが形成される。** (3) 走る、跳ぶ、登る、押す、引っ張るなど全身を使う遊びを楽しむ。 (4) 様々な食品や調理形態に慣れ、ゆったりとした雰囲気の中で食事や間食を楽しむ。 (5) 身の回りを清潔に保つ心地よさを感じ、その習慣が少しずつ身に付く。 (6) 保育士等の助けを借りながら、衣類の着脱を自分でしようとする。 (7) 便器での排泄に慣れ、自分で排泄ができるようになる。
3歳以上		(1) 明るく伸び伸びと行動し、充実感を味わう。 (2) 自分の体を十分に動かし、進んで運動しようとする。 **(3) 健康、安全な生活に必要な習慣や態度を身に付け、見通しをもって行動する。**	(1) 保育士等や友達と触れ合い、安定感をもって行動する。 (2) いろいろな遊びの中で十分に体を動かす。 (3) 進んで戸外で遊ぶ。 (4) 様々な活動に親しみ、楽しんで取り組む。 (5) 保育士等や友達と食べることを楽しみ、食べ物への興味や関心をもつ。 **(6) 健康な生活のリズムを身に付ける。** (7) 身の回りを清潔にし、衣服の着脱、食事、排泄などの生活に必要な活動を自分でする。 **(8) 保育所における生活の仕方を知り、自分たちで生活の場を整えながら見通しをもって行動する。** (9) 自分の健康に関心をもち、病気の予防などに必要な活動を進んで行う。 (10) 危険な場所、危険な遊び方、災害時などの行動の仕方が分かり、安全に気を付けて行動する。

0歳児の日課の実際

　図9の0歳児クラスは月齢の異なる12名の子どもを4名の保育者で保育しています。同じ時間に、寝ている子ども、起きて遊んでいる子ども、ミルク・離乳食を食べている子どもというように、それぞれに過ごしています。同じ子どもでも、特に月齢の低い子どもは、毎日、同じ時間に目覚めたり起きたりしているわけではありません。極端には、毎日が違うリズムだったりします。この時期の子どもの主体性を尊重した保育の一日は、一人ひとりの子どもの生理的なリズム（その子どもの固有の世界＝主体性）を尊重することになります。

　一人ひとりの子どもの「よく寝て・よく目覚めて・よく食べる（飲む）」を保障することは、目覚めている時には子どもとしっかり向き合い、気持ちを込めた関わりをするということです。気持ちの伴った保育者との関わりは、例えば、気持ちよく目覚めた後の授乳は空腹が満たされます。保育者とよく遊んだ子どもは、さらに空腹になり、それに合わせてミルク・離乳食を介助され、安心して眠る生活になります。このような生活は、生理的な機能を発達させるとともに、社会的な欲求も多くなり、徐々に目覚めて活動する時間が長くなっていきます。急がずに、じっくりと一人ひとりのリズムに合わせて関わることが重要です。このような保育の先に、子どもたちの生活のリズムがそろい出してきます（表9参照）。

図9　0歳児の日課

※·····▷は睡眠、——▶は覚醒を表す

日課（一日の生活）における配慮	目安の時間	A (4か月)	D (5か月)	KO (6か月)	B (10か月)	C (13か月)	K (18か月)	他6名省略
● 特定の保育者と関わりながら、食べることが喜びとなるよう静かで落ち着いた環境づくりをする。 ● 午前寝に準じた配慮を行う。 ● やさしい声、語りかけで気持ちのよい目覚めを誘う。 ● 汗をかいた時、汚れた時はまめに衣類を取り替える。	10:30	▷ 11:00 ミルク 目覚め	▷ 11:00 食事・ミルク 睡眠	10:30 睡眠	▶ 11:30 食事 睡眠	▶ 11:30 目覚め 食事	▷	● M（7か月） ● S（9か月） ● AS（14か月） ● KA（14か月） ● T（15か月） ● AN（16か月）
● 午前のおやつ・食事・授乳に準じた配慮を行う。 ● 午前の遊びに準じた配慮を行う。 ● 一日生活した満足感とともに身体疲労度も高くなっているので、けがその他に十分注意し、温かな雰囲気の中で落ち着いて過ごせるようにする。	12:00	▷ 12:00 睡眠	▷ 12:00 目覚め ▷ 13:00 睡眠 ▷ 14:00 目覚め	▷ 12:00 目覚め 食事・ミルク ▷ 14:00 食事・ミルク	▷ ▶ 14:00 目覚め おやつ・ミルク	▷ 12:00 睡眠 ▷ 14:00 目覚め	▷ 12:00 目覚め 食事	
略	14:30	▷	▷	▷	▷	▷	▷	

表9　発達過程における睡眠の生理的変化

時　期	睡眠時間	睡眠と覚醒のパターン
新生児期	16 〜 20時間	● 睡眠パターンは1〜2時間の覚醒と1〜4時間の睡眠の反復 ● 昼夜のリズムは見られない ● 日中の睡眠時間と夜間の睡眠時間はほぼ同じ ● 入眠は動睡眠（後のレム睡眠に相当）から始まる
乳児期 （3か月）	14 〜 15時間	● 3〜4時間連続して睡眠をとるパターン ● 動睡眠（レム睡眠）が減少する ● 6週〜3か月ごろからは入眠がノンレム睡眠から始まる
乳児期 （6か月）	13 〜 14時間	● 6〜8時間連続して睡眠をとるようになる ● 昼夜の区別がはっきりしてくる ● 2〜4時間の昼寝を1〜2回となる ● 9か月ごろには7〜8割を夜間に眠るようになる
乳幼児期 （1-3歳）	11 〜 12時間程度	● ほぼ夜間に睡眠をとるようになる ● 昼寝も1.5〜3.5時間を1回とる程度になる ● レム睡眠がさらに減少

※レム睡眠：脳が活発に働いている浅い眠り、体の眠り、ノンレム睡眠：深い眠り、脳の眠り

出典：厚生労働科学研究費補助金　未就学児の睡眠・情報通信機器使用研究班「未就学児の睡眠指針」2018年3月から筆者作成

1・2歳児の日課の実際

　表9より1歳クラスに上がったころから、生理学的には昼寝が1回、夜間にほぼ睡眠がとれるようになるということがわかります。一日のうちで昼寝が1回になると集団の日課が可能になります。もちろん家庭の事情やクラスを構成する子どもたちの月齢幅にもよるので、柔軟に対応することが大切になります。

　子どもの主体性との関係で言うと、集団の日課は、子どもが自らつくり上げたものではなく与えられたものです。子どもたちは、与えられた日課をどのように自らのものにしていくのか。つまり、園の一日の生活の流れに自らで気づいて行動を切り替え（コントロール）ていくのでしょうか。例えば、遊びから給食へという活動から活動への流れの中で、主体的に行動するということは、今の活動（遊び）に自らで区切りをつけて次の活動へ向かうということになります、しかし、この時期の子どもにはそれが難しく、区切りが付けられないことも多くあります。

　この時期は、活動から活動への移行時に、日課の時間を守る（みんな一斉に保育室に入る）ことが第一ではありません。まだそれを続けたいという気持ちを保育者に受け止めてもらい、逡巡したり抵抗したりし、慰められたり諭されたりされながら、今の活動に区切りをつけて次の活動へと向かう体験を重ねることが重要になります。この経験の積み重ねが、子どもの主体的な生活を成立させることにつながっていきます。

3歳以上児の日課の実際

　3歳未満児の生活の基底を成す日課は、これまでに述べたように、子どもの欲求や要求に丁寧に応答してもらいながらやり取りを重ねる中で、主体的な集団の日課になっていきます。以上のような日課を積み重ねた5歳児クラスの様子を見てみましょう。

エピソード1

みずきくんが「もう昼寝はいらないかも」と意見を出しました。「それはまだ無理でしょう」という意見の子が多い。そこで担任は「どうなったらお昼寝いらないの？」と聞くと、「昼寝をしなくても元気にできる」と応える。担任「元気って？」と問うと、「夕方、ケンカばっかりしたくなったり、いじわるばっかりしたくなったりしないことだよ」と子どもたち。それでもみずきくんと数人は「大丈夫」と言い張り、ムリと言う子どもたちと対立する。担任は「やってみたらいいよ」と提案し、ほとんど

の子が昼寝をし、みずきくんたちは夕方眠くなり、機嫌が悪くなり……。それを経験した後で、昼寝は自分たちの生活に必要ということになり、日課に取り入れました。その時に、担任から、運動会が終わるころには、お昼寝なしでもみんな元気に生活できるといいなーと伝える。

エピソード2 ....

昼寝の時間、寝るように促す担任をよそめに、まさみちゃん、ゆみえちゃん、かえでちゃんの3人は、小声でおしゃべりをしていて寝ません。3人とも眠れそうになかったので事務室の前に連れていきトントンして寝かせました。昼寝を終えて3人を保育室に連れて戻ると、「どうした？」と声をかける友だちも多く、担任が「みんな心配しているよ」と伝えると、まさみは「自分で話す」と言い出し、おやつ前に話をすることになりました。まさみ「まさみさー、今日、お昼寝、お部屋でできなかったの」、りょうじ「えー、どうしたの？」、ちはる「話してみたらいいよ」、まさみ「まさみね、今日、多分朝寝坊したんだわ。それで眠れんかったと思う」、ゆみえとかえでは、まさみにつき合ってしまったと言う。ちはる「この間、みんなで大きくなって1年生になろうって言ってたのに……」、みんな「そうだったじゃん」、さより「寝坊しないように早く寝ればいい」と言い、まさみ「ほんとだね」と納得する。また、子どもたちは、まさみと一緒に行動したゆみえやかえでにも意見を求めた。ゆみえ「今日は、だめだった」、ちはる「だめって、どーゆーこと？」、ゆみえは、しばらく考えて「一緒に寝ようって言えばよかった」、みんな「そーだねー」、かえで「ゆみえと一緒」と応える。そして、みんなで話し合った結果、「できたら早起きしよう」「もし、寝坊とかして昼寝が難しかったら、一人で静かに休息しよう」ということになりました。

出典：加藤繁美監修、山本理絵編著『子どもとつくる5歳児保育』ひとなる書房、p.109～p.112、2016年を一部改変

　エピソード1において、みずきくんたちは一日をどのように過ごすか（昼寝はいらないのではないか）について意見を言います。担任は、昼寝をしなければならないものとして子どもたちに強要はせず、「なぜいらないのか」という理由を子どもとのやり取りを通して、具体的な姿として描き出します。そのうえで、子どもたちの理由に基づいた行動を尊重します。日課として決まっているのだからと一斉に昼寝をするということを求めていません。子どもたちは自らの考えに基づいて行動し、その結果として昼寝が必要であることを受け止めていきます。

　一方、エピソード2は、昼寝が必要であることをみんなで確認しているのですが、

まさみちゃんたちは、保育者の促しを受けてもおしゃべりが止まりません。保育者は、子どもたちの気持ち（小声で話しているところから、寝なければならないことはわかっているが寝られない）と、夕方に機嫌が悪くなることなどから、今のこの子どもたちには昼寝は必要という見通しに立って、ここではない（ほかの子に迷惑がかからない）ところで、眠ることをサポート（背中をトントンして眠りを誘う）します。5歳児においても時にサポートが必要ということです。

　友だちの心配をきっかけに、「なぜ、みんなと一緒に眠れなかったのか」について話し合います。話し合いの中で、「みんなで一緒に大きくなって1年生になろうって言っていたのに（子ども同士の約束）」といったやり取りをする中で、まさみちゃんは自らを振り返り、友だちの意見「早く寝る」ということを受け入れます。一緒に行動した子どもたちも理由を聞かれ、やり取りの中で自らを振り返り、「一緒に寝ようと言えばよかった」ということにたどり着きます。この話し合いを通して、昼寝の時に眠くない時もあるので、その時には、静かに休息するということまで話し合いで導き出しています。

　子どもたちは、自分たちの生活の中で遭遇する課題を自分たちで話し合いながら、考えを巡らし、どのように過ごすかを見つけ出すという、主体的な一日を過ごしていることがわかります。

　園の日課は、子どもたちにとっては与えられた日課のはずです。この与えられた日課を、例えば日課は守るものとして強いられるところからは、事例の子どもたちの姿にはいたりません。0歳児クラスからの保育のねらいと、それを達成するための内容（表8参照）を体験しきているその延長線上の姿ということです。また、行動面のみに働きかけられるのではなく、なぜそうするのかという理由を子どもたちなりに考える体験を積み重ねてきているので、できない子どもを批判するだけではなく、できるようになるためにはどうすればいいのかを考える対話が成立しています。

　3歳未満児を担当しているからといって、例えば、5歳児クラスが落ち着かない、些細なことで対立ばかりしている、自分から動けないという姿は、5歳児クラスを担当する保育者だけの問題ではないことを理解したいものです。

② 保育の目標、教育・保育の目標

　これまで見てきたように、3歳未満児が通う施設である保育所や幼保連携型認定こども園は、子どもたちが主体として受け止められ、その主体性を発揮して生活や遊び

を展開するところです。また、その生活や遊びを通して、人として生きていくうえでの基礎となる力を獲得していく場所でもあります。人として生きていくうえでの基礎となる力を培うための目標を、指針と教育・保育要領では表10のように示しています。

　子どもがこれらの力を獲得していくのを援助することを、指針では「保育」と表現し、教育・保育要領では、「教育及び保育」と表現していますが、それぞれの施設の目標としているところは同じと考えてよいでしょう。いわゆる五領域（子どもが健やかに成長し、その活動がより豊かに展開されるための発達の援助）と養護（子どもの生命の保持や情緒の安定を図るために保育士等が行う援助や関わり）の視点から述べられています。

表10　保育所の保育目標と幼保連携型認定こども園の教育・保育目標

保育目標 （保育所保育指針第1章1（2））	教育・保育目標 （認定こども園法第9条）
健全な心身の発達を図ることを目的とする児童福祉施設 入所する子どもの最善の利益を考慮し、その福祉を積極的に増進することに最もふさわしい生活の場（第1章1（1）参照）	教育並びに保育を必要とする子どもに対する保育を一体的に行い、その心身の発達を助長するとともに、保護者に対する子育ての支援を行うことを目的とする施設（第2条7参照）
ア　（略）保育所の保育は、子どもが現在を最も良く生き、望ましい未来をつくり出す力の基礎を培うために、次の目標を目指して行わなければならない。	一　健康、安全で幸福な生活のために必要な基本的な習慣を養い、身体諸機能の調和的発達を図ること。
（ア）　十分に養護の行き届いた環境の下に、くつろいだ雰囲気の中で子どもの様々な欲求を満たし、生命の保持及び情緒の安定を図ること。	二　集団生活を通じて、喜んでこれに参加する態度を養うとともに家族や身近な人への信頼感を深め、自主、自律及び協同の精神並びに規範意識の芽生えを養うこと。
（イ）　健康、安全など生活に必要な基本的な習慣や態度を養い、心身の健康の基礎を培うこと。	三　身近な社会生活、生命及び自然に対する興味を養い、それらに対する正しい理解と態度及び思考力の芽生えを養うこと。
（ウ）　人との関わりの中で、人に対する愛情と信頼感、そして人権を大切にする心を育てるとともに、自主、自立及び協調の態度を養い、道徳性の芽生えを培うこと。	四　日常の会話や、絵本、童話等に親しむことを通じて、言葉の使い方を正しく導くとともに、相手の話を理解しようとする態度を養うこと。
（エ）　生命、自然及び社会の事象についての興味や関心を育て、それらに対する豊かな心情や思考力の芽生えを培うこと。	五　音楽、身体による表現、造形等に親しむことを通じて、豊かな感性と表現力の芽生えを養うこと。
（オ）　生活の中で、言葉への興味や関心を育て、話したり、聞いたり、相手の話を理解しようとするなど、言葉の豊かさを養うこと。	六　快適な生活環境の実現及び子どもと保育教諭その他の職員との信頼関係の構築を通じて、心身の健康の確保及び増進を図ること。
（カ）　様々な体験を通して、豊かな感性や表現力を育み、創造性の芽生えを培うこと。	
イ　保育所は、入所する子どもの保護者に対し、その意向を受け止め、子どもと保護者の安定した関係に配慮し、保育所の特性や保育士等の専門性を生かして、その援助に当たらなければならない。	

　さらに、在籍期間全体を通して、保育（・教育）の目標を目指して保育を実践することで、子どもに育みたい資質・能力を表11のようにあげています。

表11 「育みたい資質・能力」の基礎

育みたい資質・能力	育む上での経験群	育みたいこと（幼児の終わりごろの生活や遊びのなかに具体的に「育ってほしい10の姿」として現れる）
知識・技能の基礎	遊びや生活の中で、豊かな体験を通じて、感じたり、気づいたり、わかったり、できるようになったりする	基本的な生活習慣の獲得、様々な気付き・発見の喜び、規則性・法則性・関連性の発見、日常生活に必要な言葉の理解、身体技能や芸術表現のための基礎的な技能の獲得など
思考力・判断力・表現力等の基礎	遊びや生活の中で、気づいたこと、できるようになったことなども使い、考えたり、試したり、工夫したり、表現したりする	試行錯誤・工夫、予想・予測・比較・分類・確認、他の幼児の考えなどに触れ新しい考えを生み出す喜びや楽しさ、言葉による表現・伝え合い、振り返り次への見通し、自分なりの表現など
学びに向かう力・人間性等	心情、意欲、態度が育つ中で、よりよい生活を営もうとする	思いやり、安定した情緒、自信、相手の気持ちの受容、好奇心・探求心、葛藤・自分への向き合い・折り合い、話し合い・目的の共有・協力、色・形・音などの美しさや面白さに対する感覚、自然現象や社会現象への関心など

中央教育審議会教育課程部会・幼児教育部会（2016年3月）資料4を筆者改編

　　表10に述べられている保育（・教育）の目標を、子どもの学びの視点からとらえ直すと、表11のようになると考えてよさそうです。つまり、目標に向けて展開される保育（・教育）の中で、子どもが体験を通して獲得するものは、「知識・技能の基礎」「思考力・判断力・表現力の基礎」「学びに向かう力・人間性等」ということになります。

　　子どもの日々の遊びや生活の中で、知識・技能の基礎は「感じたり、気づいたり、わかったり、できるようになったりする」体験を豊かにすることを通して獲得されるとしています。思考力・判断力・表現力等の基礎は、遊びや生活の中で気づいたり、できるようになったことを使い、「考えたり、試したり、工夫したりすることを十分体験する」ことで獲得されます。そして、学びに向かう力・人間性等は、「獲得した知識・技能、思考力・判断力・表現力等を生活や遊びの中で十分に使い、あるいは使いこなしながら、活動を楽しく展開する」ことで、充実した生活や遊びにしていこうとします。

　　以上の生活や遊びを積み重ねて、幼児期の終わりごろの日常の生活や遊びの中に、具体的な子どもの姿として、いわゆる10の姿が見られることになります（表11中右列参照）。

③ 保育のねらいおよび内容

　保育指針、教育・保育要領の第2章において、保育（・教育）目標に向けて、それぞれの時期にふさわしい体験の内容が示されています。それぞれの時期とは、乳児、1歳以上3歳未満児、3歳以上児の3つの過程です。ここでは、3歳未満児について見ていきます。

●3歳未満児の保育内容（ねらいと内容）

　保育内容は、乳児保育、1歳以上3歳未満児保育というように、発達過程ごとに示されています。さらに、それぞれの時期のねらいと内容は、3つの視点（乳児保育）、5つの視点・領域（1歳以上）に分けて示されています。
　3歳未満児の保育のねらい及び内容を保育所保育指針から抜き出して表にしています（表12・13）。

乳児保育のねらい及び内容

　自分から健康で安全な生活をするための基礎を培ううえでのねらいとして、身体感覚が育つことで、快適な環境の心地よさを感じる、よく動く体、リズムをもって生活する感覚を獲得することがあげられています。そのねらいを達成するために子どもに体験してほしいこととして、一人ひとりの子どもの生理的・心理的な欲求が満たされること、また、発育に応じて十分に体を動かし、そこに心地よさや充足感をもつことがあげられています。
　人と関わる力の基礎を培ううえでのねらいとして、人とともに過ごす喜びを感じ、気持ちを通わせようとしながら、人に対する信頼感が芽生えることをあげています。そのねらいを達成するために子どもに体験してほしいこととして、保育者等に応答してもらうやり取りを楽しみながら、欲求が満たされること、親しみの気持ちをもち、それを言葉で表そうとするなど安心感をもって過ごすことなどがあげられています。
　自分を取り巻く周囲のものに、心動かされたことを表現しようとする力の基礎を培ううえでのねらいとして、まわりの物に興味・関心をもち、それらに自分から関わろうとし、関わることで、感覚を豊かにし表現するなどがあげられています。そのねらいを達成するために子どもに体験してほしいこととして、積極的に周囲を探索し、

生活用品や絵本、玩具などに興味・好奇心をもって関わり感覚を豊かにすること、保育者等と一緒に手足や体をリズムに合わせて動かす喜びを味わうなどがあげられています。

　以上が、乳児保育におけるねらいと内容の概要です。詳しくは表12を参照してください。

表12　乳児保育に関わるねらい及び内容

	健やかに伸び伸びと育つ	身近な人と気持ちが通じ合う	身近なものと関わり感性が育つ
	健康な心と体を育て、自ら健康で安全な生活をつくり出す力の基盤を培う。	受容的・応答的な関わりの下で、何かを伝えようとする意欲や身近な大人との信頼関係を育て、人と関わる力の基盤を培う。	身近な環境に興味や好奇心をもって関わり、感じたことや考えたことを表現する力の基盤を培う。
ねらい	①身体感覚が育ち、快適な環境に心地よさを感じる。 ②伸び伸びと体を動かし、はう、歩くなどの運動をしようとする。 ③食事、睡眠等の生活のリズムの感覚が芽生える。	①安心できる関係の下で、身近な人と共に過ごす喜びを感じる。 ②体の動きや表情、発声等により、保育士等と気持ちを通わせようとする。 ③身近な人と親しみ、関わりを深め、愛情や信頼感が芽生える。	①身の回りのものに親しみ、様々なものに興味や関心をもつ。 ②見る、触れる、探索するなど、身近な環境に自分から関わろうとする。 ③身体の諸感覚による認識が豊かになり、表情や手足、体の動き等で表現する。
内容	①保育士等の愛情豊かな受容の下で、生理的・心理的欲求を満たし、心地よく生活をする。 ②一人一人の発育に応じて、はう、立つ、歩くなど、十分に体を動かす。 ③個人差に応じて授乳を行い、離乳を進めていく中で、様々な食品に少しずつ慣れ、食べることを楽しむ。 ④一人一人の生活のリズムに応じて、安全な環境の下で十分に午睡をする。 ⑤おむつ交換や衣服の着脱などを通じて、清潔になることの心地よさを感じる。	①子どもからの働きかけを踏まえた、応答的な触れ合いや言葉がけによって、欲求が満たされ、安定感をもって過ごす。 ②体の動きや表情、発声、喃語等を優しく受け止めてもらい、保育士等とのやり取りを楽しむ。 ③生活や遊びの中で、自分の身近な人の存在に気付き、親しみの気持ちを表す。 ④保育士等による語りかけや歌いかけ、発声や喃語等への応答を通じて、言葉の理解や発語の意欲が育つ。 ⑤温かく、受容的な関わりを通じて、自分を肯定する気持ちが芽生える。	①身近な生活用具、玩具や絵本などが用意された中で、身の回りのものに対する興味や好奇心をもつ。 ②生活や遊びの中で様々なものに触れ、音、形、色、手触りなどに気付き、感覚の働きを豊かにする。 ③保育士等と一緒に様々な色彩や形のものや絵本などを見る。 ④玩具や身の回りのものを、つまむ、つかむ、たたく、引っ張るなど、手や指を使って遊ぶ。 ⑤保育士等のあやし遊びに機嫌よく応じたり、歌やリズムに合わせて手足や体を動かして楽しんだりする。

1歳以上3歳未満児のねらい及び内容

　この時期の保育は、5つの領域からそのねらい及び内容が述べられています。

　自分で健康で安全な生活をつくりだす力を養ううえでのねらいとして、自分から体を動かそうとして、様々に動くことを喜び、基本的な生活習慣に気づき、それを自分でしてみようとすることがあげられています。そのねらいを達成するために子どもに体験してほしいこととして、安心して生活する中で生活のリズムが獲得されること、食事、衣類の着脱、排泄、手洗いなどの清潔にかかわる行為を自分から興味をもってしようとし、できるようになること、また、これらと並行して全身を使って遊びを楽

しむことがあげられています。

　人と関わる力を養ううえでのねらいとして、周囲の子どもへの関心が高まり関わろうとするなど、人と関わる心地よさや生活の仕方に秩序があることに気づくなどがあげられています。そのねらいを達成するために体験してほしいこととして、保育者に子どもの欲求が受け入れられるなど安心感をもって生活する中で、保育者の仲立ちでほかの子と関わって遊びを楽しみながら、きまりのあることに気づくようになるなどがあげられています。

　周囲の環境に好奇心をもって関わり、それを自分の生活に取り入れる力を養ううえでのねらいとして、五感を働かせて周囲と関わり、感じたり気づいたりすることを楽しんだり、あれこれ考えたりすることがあげられています。そのねらいを達成するために子どもに体験してほしいこととして、安全な環境の中で、五感を使いながら十分に探索活動をする中で、ものの多様さに触れ、その性質や仕組みに気づいたりすること、また、身近な動植物に親しみをもつこと、絵本や歌にふれたりして十分に遊びを楽しむことがあげられています。

　自分で体験し感じたり、感じたりしたことなどを言葉で表現する力を養ううえでのねらいとして、人の話を聞き自分で思ったことを伝えようとするなど、言葉で表現する楽しさを味わい、絵本や物語に親しんだりしながら人と気持ちを通じ合わせるなどがあげられています。そのねらいを達成するために子どもに体験してほしいこととして、生活や遊びの中で、自分から欲求したことに、また、保育者からの言葉かけなどを表情や言葉でやり取りをすること、保育者や友だちと一緒に遊んだり、絵本を読んでもらう楽しさを味わう中で、言葉で表現しようとすることなどがあげられています。

　自分で感じたり考えたことを表現したり、創造したりする力を養ううえでのねらいとして、様々な素材に触れ、その感触を楽しむこと、音楽やリズムを声や体で表現したり、保育者に読んでもらった絵本や素話を、遊びの中で再現したりするなどイメージの世界を楽しむなどがあげられています。

　以上が、おおよそのこの時期の保育のねらいと内容です。詳しくは、表13を参照してください。

　子どもの毎日は楽しく過ごすことが第一ですが、保育は、その楽しい体験を通して、子どもに育ってほしいことを意識することが重要になります。

154

表13　1歳以上3歳未満児の保育に関わるねらい及び内容

健康	人間関係	環境	言葉	表現
健康な心と体を育て、自ら健康で安全な生活をつくり出す力を養う。	他の人々と親しみ、支え合って生活するために、自立心を育て、人と関わる力を養う。	周囲の様々な環境に好奇心や探究心をもって関わり、それらを生活に取り入れていこうとする力を養う。	経験したことや考えたことなどを自分なりの言葉で表現し、相手の話す言葉を聞こうとする意欲や態度を育て、言葉に対する感覚や言葉で表現する力を養う。	感じたことや考えたことを自分なりに表現することを通して、豊かな感性や表現する力を養い、創造性を豊かにする。
ねらい ①明るく伸び伸びと生活し、自分から体を動かすことを楽しむ。 ②自分の体を十分に動かし、様々な動きをしようとする。 ③健康、安全な生活に必要な習慣に気付き、自分でしてみようとする気持ちが育つ。	①保育所での生活を楽しみ、身近な人と関わる心地よさを感じる。 ②周囲の子ども等への興味や関心が高まり、関わりをもとうとする。 ③保育所の生活の仕方に慣れ、きまりの大切さに気付く。	①身近な環境に親しみ、触れ合う中で、様々なものに興味や関心をもつ。 ②様々なものに関わる中で、発見を楽しんだり、考えたりしようとする。 ③見る、聞く、触るなどの経験を通して、感覚の働きを豊かにする。	①言葉遊びや言葉で表現する楽しさを感じる。 ②人の言葉や話などを聞き、自分でも思ったことを伝えようとする。 ③絵本や物語等に親しむとともに、言葉のやり取りを通じて身近な人と気持ちを通わせる。	①身体の諸感覚の経験を豊かにし、様々な感覚を味わう。 ②感じたことや考えたことなどを自分なりに表現しようとする。 ③生活や遊びの様々な体験を通して、イメージや感性が豊かになる。
内容 ①保育士等の愛情豊かな受容の下で、安定感をもって生活をする。 ②食事や午睡、遊びと休息など、保育所における生活のリズムが形成される。 ③走る、跳ぶ、登る、押す、引っ張るなど全身を使う遊びを楽しむ。 ④様々な食品や調理形態に慣れ、ゆったりとした雰囲気の中で食事や間食を楽しむ。 ⑤身の回りを清潔に保つ心地よさを感じ、その習慣が少しずつ身に付く。 ⑥保育士等の助けを借りながら、衣類の着脱を自分でしようとする。 ⑦便器での排泄に慣れ、自分で排泄ができるようになる。	①保育士等や周囲の子ども等との安定した関係の中で、共に過ごす心地よさを感じる。 ②保育士等の受容的・応答的な関わりの中で、欲求を適切に満たし、安定感をもって過ごす。 ③身の回りに様々な人がいることに気付き、徐々に他の子どもと関わりをもって遊ぶ。 ④保育士等の仲立ちにより、他の子どもとの関わり方を少しずつにつける。 ⑤保育所の生活の仕方に慣れ、きまりがあることや、その大切さに気付く。 ⑥生活や遊びの中で、年長児や保育士等の真似をしたり、ごっこ遊びを楽しんだりする。	①安全で活動しやすい環境での探索活動等を通して、見る、聞く、触れる、嗅ぐ、味わうなどの感覚の働きを豊かにする。 ②玩具、絵本、遊具などに興味をもち、それらを使った遊びを楽しむ。 ③身の回りの物に触れる中で、形、色、大きさ、量などの物の性質や仕組みに気付く。 ④自分の物と人の物の区別や、場所的感覚など、環境を捉える感覚が育つ。 ⑤身近な生き物に気付き、親しみをもつ。 ⑥近隣の生活や季節の行事などに興味や関心をもつ。	①保育士等の応答的な関わりや話しかけにより、自ら言葉を使おうとする。 ②生活に必要な簡単な言葉に気付き、聞き分ける。 ③親しみをもって日常の挨拶に応じる。 ④絵本や紙芝居を楽しみ、簡単な言葉を繰り返したり、模倣をしたりして遊ぶ。 ⑤保育士等とごっこ遊びをする中で、言葉のやり取りを楽しむ。 ⑥保育士等を仲立ちとして、生活や遊びの中で友達との言葉のやり取りを楽しむ。 ⑦保育士等や友達の言葉や話に興味や関心をもって、聞いたり、話したりする。	①水、砂、土、紙、粘土など様々な素材に触れて楽しむ。 ②音楽、リズムやそれに合わせた体の動きを楽しむ。 ③生活の中で様々な音、形、色、手触り、動き、味、香りなどに気付いたり、感じたりして楽しむ。 ④歌を歌ったり、簡単な手遊びや全身を使う遊びを楽しんだりする。 ⑤保育士等からの話や、生活や遊びの中での出来事を通して、イメージを豊かにする。 ⑥生活や遊びの中で、興味のあることや経験したことなどを自分なりに表現する。

注：表中の数字は項目数

● 保育内容は発達過程に沿いながら連続している

　前項で、3歳未満児の保育のねらいと内容を見てきました。そこだけに焦点をあてると、乳児保育のねらいと内容、1歳以上3歳未満児保育のねらいと内容が整理され、それぞれにそのねらいを達成するうえで体験してほしい内容が述べられています。そのねらいと内容は、主体性が尊重された子どもの活動を通して達成に向かうことになります。

　図10は、表12の乳児保育の人と関わる領域の「身近な人と気持ちが通じ合う」から、表13の1歳以上3歳未満児保育の「人間関係」、さらに表はありませんが、3歳以上児の保育の「人間関係」を加えて、ねらいと内容が連続していることを図示したものです。

乳児（0歳児）保育において、人と関わることに関してのねらいが3つ、そのねらいを達成するうえで子どもに体験してほしい内容が5つあげられています（表12参照）。乳児保育において、それらの内容の体験を十分に重ねた後に、1歳以上3歳未満児の保育の人間関係のねらいが3つ紡ぎ出されます。そして、そのねらいを達成するうえでの内容が6つあげられています。この時期の内容を十分に体験した先に、3歳以上のねらいが3つ出てきます。このねらいを達成するうえで子どもに体験してほしい内容が13項目あげられています。

図10　保育内容の連続性（人との関わりを例に）

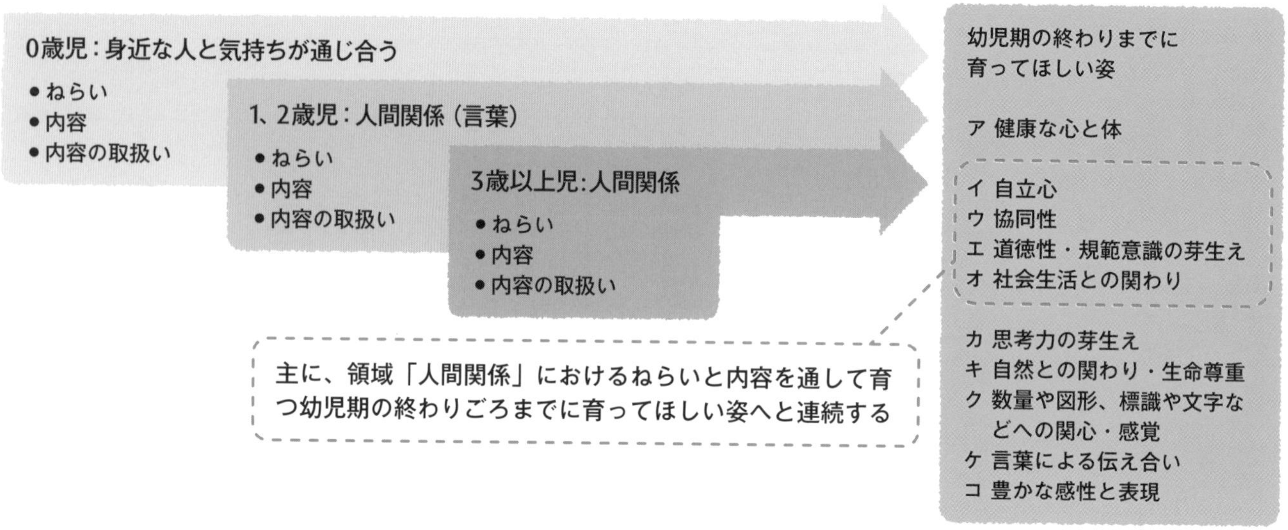

0歳児：身近な人と気持ちが通じ合う
- ●ねらい
- ●内容
- ●内容の取扱い

1、2歳児：人間関係（言葉）
- ●ねらい
- ●内容
- ●内容の取扱い

3歳以上児：人間関係
- ●ねらい
- ●内容
- ●内容の取扱い

主に、領域「人間関係」におけるねらいと内容を通して育つ幼児期の終わりごろまでに育ってほしい姿へと連続する

幼児期の終わりまでに育ってほしい姿

ア　健康な心と体

イ　自立心
ウ　協同性
エ　道徳性・規範意識の芽生え
オ　社会生活との関わり

カ　思考力の芽生え
キ　自然との関わり・生命尊重
ク　数量や図形、標識や文字などへの関心・感覚
ケ　言葉による伝え合い
コ　豊かな感性と表現

　以上のように人と関わる領域において、それぞれの時期の保育のねらいを達成するための内容を子どもが十分に体験することで、保育所保育指針第1章（2）（ウ）保育の目標「人との関わりの中で、人に対する愛情と信頼感、人権を大切にする心を育てるとともに、自主、自立及び協調の態度を養い、道徳性の芽生えを培うこと」に向かいます。この目標を「幼児期の終わりまでに育ってほしい姿（いわゆる10の姿）」としてとらえると、おおよそ以下の姿に該当することになります。

　イ　自立心

　　身近な環境に主体的に関わり様々な活動を楽しむ中で、しなければならないことを自覚し、自分の力で行うために考えたり、工夫したりしながら、諦めずにやり遂げることで達成感を味わい、自信をもって行動するようになる。

　ウ　協同性

　　友達と関わる中で、互いの思いや考えなどを共有し、共通の目的の実現に向けて、考えたり、工夫したり、協力したりし、充実感をもってやり遂げるようになる。

　エ　道徳性・規範意識の芽生え

　　友達と様々な体験を重ねる中で、してよいことや悪いことが分かり、自分の行動を振り返ったり、友達の気持ちに共感したりし、相手の立場に立って行動するようになる。また、きまりを守る必要性が分かり、自分の気持ちを調整し、友達と折り合いを付けながら、きまりをつくったり、守ったりするようになる。

　オ　社会生活との関わり

　　家族を大切にしようとする気持ちをもつとともに、地域の身近な人と触れ合う中で、人との様々な関わり方に気付き、相手の気持ちを考えて関わり、自分が役に立つ喜びを感じ、地域に親しみをもつようになる。また、保育所内外の様々な環境に関わる中で、遊びや生活に必要な情報を取り入れ、情報に基づき判断したり、情報を伝え合ったり、活用したりするなど、情報を役立てながら活動するようになるとともに、公共の施設を大切に利用するなどして、社会とのつながりなどを意識するようになる。

　もちろん、人と関わる領域のねらいや内容を体験する中で育つものは上記だけではなく、これ以外の10の姿の中にも表れます。また、ほかの領域でのねらいや内容を体験することも上記イ〜オの4つの姿にかかわってきます。それは、領域は互いに重なり合っているからです。

　次に発達過程という概念について考えていきます。

　図10の「乳児保育」のねらいが、「1歳以上3歳未満児保育」では表に入っていませんが、そのねらいが下敷きになって、1歳以上3歳未満児保育のねらいが示されて

います（矢印が2つ重なっています）。さらに「3歳以上児保育」のねらいの下敷きには乳児保育、1歳以上3歳未満児保育のねらいがあります（矢印が3つ重なっています）。

　3歳児クラスの子どもの姿を例にとってみると、3歳児クラスの子どもは全員同じ姿を現しているとは限りません。むしろ同じでないことが多いです。その姿の現れは様々な理由によりますが、例えば、「身近な人と気持ちを通い合わせる」体験が極端に不足していて、友だちと関わることが難しい子どもがいたとしたら、歴年齢では3歳ですが、3歳以上児のねらいを参照して、この子どもに合わせたねらい（例えば、友だちと関わりを深め一緒に活動する楽しさを味わうなど）を立てることができません。その子どもの人との関わりに関する領域の発達過程を理解して、つまりその子どもの発達過程に合わせてねらいを立てる必要があります。

　このように目の前の子どもの姿に沿ってねらいを立てるとしたら、歴年齢による発達過程（いわゆる定型発達）だけでは、子どもの発達を保障する保育にはなりません。歴年齢による発達過程ではなく、その子どもの発達過程に合わせた保育でなければ、子どもの最善の利益を保障する保育とは言えません。

④ 保育の方法（乳幼児期の保育・教育の独自性）

　前項にあげた保育の内容及びねらいは、主に教育的側面から述べられています。しかし、乳幼児期の教育は、その発達特性から小学校以上で言われる教育とはその方法が異なります。その違いを学校教育法第22条の解釈で見てみます。

- -

第二十二条　幼稚園は、義務教育及びその後の教育の基礎を培うものとして、幼児を保育し、幼児の健やかな成長のために適当な環境を与えて、その心身の発達を助長することを目的とする。（下線筆者）

- -

　幼稚園は学校ですから、そこでは教育が行われています。しかし、その幼稚園という学校の目的に「…保育し」のように記されています。これを学校教育では次のように解釈しています。

幼児はまだ年少であるから、幼稚園の幼児の心身発達に応じた教育の中には、児童生徒とは異なり、一定の養護や世話が必要となる。さらに、幼稚園の教育が、小学校以上のように教育内容を体系的に分類した教科を中心にして内容の修得を行わせるのとは異なり、幼児の具体的な生活経験に基づいた総合的指導を行うものであるので、その教育方法の独自性を表す用語として、保育を使うとしています。

　幼稚園における教育は、一定の養護や世話を受けながら、日々の具体的な生活や遊びを通して総合的に行うものであるとしています。保育所や認定こども園においても同様に考えられています。

● 養護と教育の一体化

　保育所保育指針では、養護と教育が一体的に行われるということに関しては総則で保育所保育の基本原則として、保育所の役割について次のように述べられています。「イ　保育所は、その目的を達成するために、保育に関する専門性を有する職員が、家庭との緊密な連携の下に、子どもの状況や発達過程を踏まえ、保育所における環境を通して、養護及び教育を一体的に行うことを特性としている（下線筆者）」。
　そして、その解説では、「養護と教育を一体的に展開するということは、保育士等が子どもを一人の人間として尊重し、その命を守り、情緒の安定を図りつつ、乳幼児期にふさわしい経験が積み重ねられていくよう丁寧に援助することを指す（下線筆者）」としています。さらに、具体的に「子どもが、自分の存在を受け止めてもらえる保育士等や友達との安定した関係の中で、自ら環境に関わり、興味や関心を広げ、様々な活動や遊びにおいて心を動かされる豊かな体験を重ねることを通して、資質・能力は育まれていく」と続けています。
　このことを具体的なエピソードで確認すると表14のようになります。
　子どもの気持ちを受容しながら（養護的側面）、子どもの発達や興味に合わせて乗り越え可能な少し先をも見通して遊びを展開していること（教育的側面）が理解できます。

表14　養護と教育が一体となった保育

エピソード	子どもの行動と保育者の対応（欲求を読み取り温かく共感的に応答する）
	保育室は安心できる場所、保育者は安心できる人である。 （日常的に欲求を受け止められるという養護的関わりの蓄積がある。）
保育者がとしひろ君（1歳6か月）を外向きに抱いてメモしていると、まりかちゃん（10か月）が柵を伝い歩いてきて、保育者ととしひろ君の少し手前でドタッとお尻から座る①。	①まりかちゃんは、保育者ととしひろ君（興味の源泉）に気付き、伝い歩き、座るなどの機能（できるようになったこと）を働かせて、気付いたこと（興味の源泉）に向かう（自らで面白さを探索する）。
保育者はまりかちゃんに向かって、としひろ君を抱いたまま身体を左右に「ゆらゆら」と言いながら揺らす。すると、大急ぎでもう少し近くまで這っていき②、	②保育者は、まりかちゃんの気持ち（保育者と、としひろ君のやり取りに気付き興味をもつ）を読み取る。そして、保育者は、一緒に遊ぼうと、「ゆらゆら」と動きを伴って一緒に遊ぼうと働きかける（まりかちゃんの気持ちを受け止め、まりかちゃんの興味に沿って）。
その前ではいはいの姿勢でとまってその様子を見ている。その内、まりかちゃんも保育者の身体の動きに合わせてゆらゆらと身体を左右に揺らす。それを見て、保育者がまりかちゃんに向かって、としひろ君の手を取り、「パチパチ」と言いながら両手を打ち合わせる③と、	③保育者は、まりかちゃんが保育者からの誘いを受け止め、同じように身体を揺らす（その動作の楽しさに共鳴する：動作をする（情動交流）。保育者は同じ動作をする楽しさに共感しながら、この間遊んだパチパチも楽しいよね、それでも遊んでみようと動作で誘う（まりかちゃんととしひろ君の興味に沿って、受け入れ可能な程度の遊びの提案）。保育者は3人で楽しさを共有していることを意識してパチパチと動作する（友だちとの関係の育ちへつなげる働きかけをする）。
まりかちゃんははいはいの格好からお座りになり、笑いながら同じようにパチパチする④。	④まりかちゃんは、できるようになっている力（はいはいの姿勢からお座りをして）で、同じ動作で楽しさを共有する（よりよい生活を営む）ことへと情動（気持ちを）を調節（移行）していく。

注：エピソード下線①と保育者の対応の①は対をなしている。

● 生活や遊びを通して行われる

　遊びとはどのようなことを言うのか、ここでは高橋を引用することにします。高橋は、遊びに関する所説を考慮し、主に心理学的機能から遊びの特徴を整理し、図11（筆者改変）を表しました。

図11　遊びの心理的要素（筆者改変）

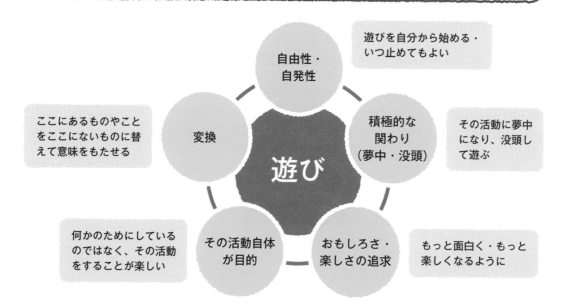

出典：高橋たまき、中沢和子、森上史朗共編　『遊びの発達学─基礎編』培風館、p6、1996年を一部改変

遊びは自分から、あるいはその周囲に興味をもち、楽しさやおもしろさを求めて積極的に関わり、夢中にさせる活動と言えます。さらに、夢中になっている活動（遊び）は、何かを学ぼうとしてその活動（遊び）をしているのではなく、その活動自体がおもしろい・楽しいからするのであり、おもしろくなくなったらいつでもやめる自由があります。また、最も遊びらしい要素として、何かに成り代わって楽しく（ふり遊び等）、また、何かに見立てて（見立て遊び等）そのおもしろさを追求するということがあります。

　以上の、全く主体的な子どもの活動（遊び）と保育（教育的側面）はどのような関係にあるのでしょうか。

　遊びには始まりと終わりがあります。この遊びのそれぞれにプロセスにおいて、子どもが体験していることと保育者の対応をまとめたのが図12です。この遊びのプロセス（図12参照）において、子どもが何をどのように体験しているのかが保育の質を決めることになります。そして、主体性を大切にする保育において、遊びがどれだけ重要であるのか理解できます。

　例えば、子どもが遊び出しました。遊びはいつ初めていつ終わってもよいという特性をもっているので、それで遊ぶ楽しさを十分に体験できていないと、次から次へと子どもの興味が移ろいます。そのままにしておくと、遊びに夢中になる、没頭するということが難しくなります。発達に必要な体験が難しくなるどころか、落ち着きなく動き回ることにもなりかねません。

　保育者には、子どもの興味を理解して遊びたくなる環境を用意することが求められます。子どもが夢中で遊ぶようになるために、特に3歳未満児においては、保育者が一緒に楽しく遊ぶことが必要です。また、遊びの終わり方は、子どもがある程度満足して充実感をもって次の活動へ自分で移っていけるよう片づけの在り方などを工夫することが必要です。これが保育の質（主体的で、対話的で深い学びが起きる）を左右します。つまり、質の高い遊びの展開が子どもの発達体験の質に影響するということです。

図12　遊びのプロセスとそこでの体験・保育者の対応

遊びのプロセス	遊びの創出	遊びへの没頭	遊びの終わり（振り返り）
子どもが体験していること	●遊びの環境 ●遊びを誰が作り出すか（保育者から、子どもから）	●楽しさ・面白さの追求 ●試行錯誤・工夫・協力 ●失敗や葛藤 ●課題解決 ●折り合い ●挑戦など	●面白かった ●またやろう ●明日もやろう
保育者の対応	●子どもが自ら遊びだしたことを発展できるように援助する（遊びたくなる環境） ●保育者が子どもの興味・関心を読み取ってそれらが満足できるような遊びを提案し発展させていく	●一人で面白さを追求することを必要に応じてサポートする ●一人の遊びの面白さをほかの子と共有できるように適宜サポートする ●集団の遊びをサポートする。子ども同士では難しそうな場面を一緒に考えたりする	●自分から満足感・充実感をもって終れるようにする ●次への期待をもって終れるようにする ●終わり方の工夫（たとえば片づけのあり方など）

　乳幼児期の保育（教育的側面）は、生活や遊びを通して行われることを特徴とすることが、小学校以上の教育と異なるところです。再度、ここで強調したいことは、何かのために遊ぶのではないということです。例えば、字を覚えるために絵本を読むのではありません。保育者から絵本を読もうと誘ったとしても、字を教えるためではありません。子どもと一緒に楽しく絵本を見たいと誘うのであり、子どもはおもしろそうと心動かされて絵本を見ることになります。絵本の楽しさの体験を保育者と共有することの積み重ねの中で、または、子どもから絵本に触れる中で、絵の美しさを感じたり、絵と字の関係に気づいたりという過程を経て、例えば字に興味をもつことになるかもしれないということです。

　子どもの主体性を大切にし、その主体性を育てる保育の特性は、養護と教育が一体となって行われること、生活や遊びを通して行うことが重要であることをこれまでに述べました。これらを特性とする乳幼児期の保育（教育的側面）は、環境による保育によって必然的に導き出されることになります。

3 保育内容の展開

① 保育を構造化してとらえる

● 保育の全体的な計画

　保育の全体的な計画は、保育所の理念や方針をふまえ、入所から就学に至るまでの期間全体に渡って、保育の目標を達成するために、どのように保育を進めていくのかという保育の全体像を包括的に示したものです。そのため、保育所におけるすべての計画を含み込んだものとなります。全体的な計画について、保育所保育指針では次の点に留意して作成するとしています。

- 子どもの発達過程を踏まえて、保育の内容が組織的・計画的に構成され、保育所の生活の全体を通して、総合的に展開されるよう作成する。
- 子どもや家庭の状況、地域の実態、保育時間などを考慮し、子どもの育ちに関する長期的見通しをもって適切に作成する。
- 全体的な計画は、指導計画、保健計画、食育計画等を通じて、創意工夫して保育できるように作成する。

　図13は、全体的な計画に含まれる計画の関連を示したものです。全体的な計画は、保育所がその役割を果たすために、子どもの望ましい発達をめざして展開するあらゆる計画が含まれています。保育の全体的な計画は、子どもの最善の利益を保障するうえでの、保育所の根幹をなす計画であり、すべての計画の最上位に位置づけられます。したがって、その保育所に勤務するすべての職員に共有されるものです。

図13　保育の全体的な計画の構造

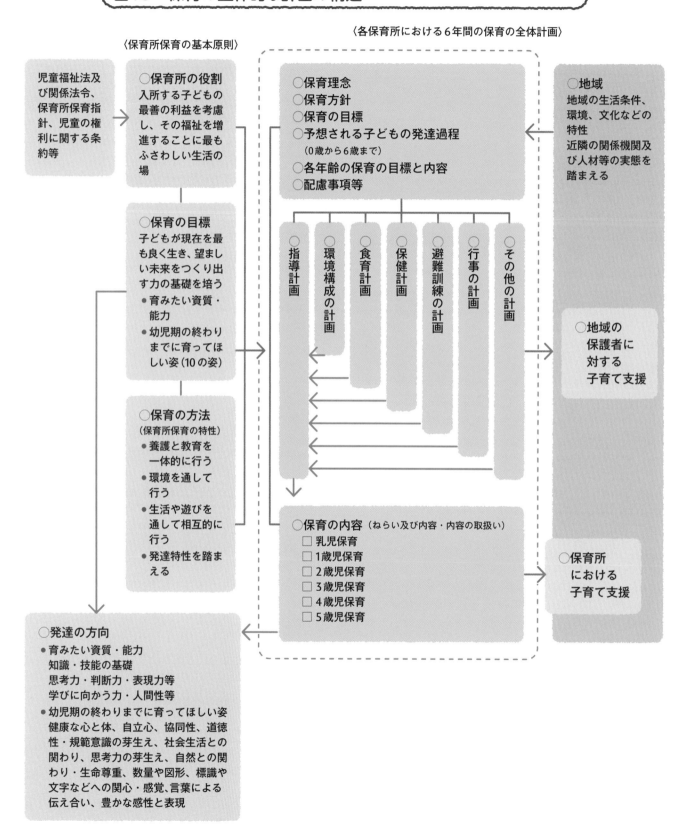

〈各保育所における6年間の保育の全体計画〉

〈保育所保育の基本原則〉

児童福祉法及び関係法令、保育所保育指針、児童の権利に関する条約等

○保育所の役割
入所する子どもの最善の利益を考慮し、その福祉を増進することに最もふさわしい生活の場

○保育の目標
子どもが現在を最も良く生き、望ましい未来をつくり出す力の基礎を培う
●育みたい資質・能力
●幼児期の終わりまでに育ってほしい姿(10の姿)

○保育の方法
(保育所保育の特性)
●養護と教育を一体的に行う
●環境を通して行う
●生活や遊びを通して相互的に行う
●発達特性を踏まえる

○発達の方向
●育みたい資質・能力
　知識・技能の基礎
　思考力・判断力・表現力等
　学びに向かう力・人間性等
●幼児期の終わりまでに育ってほしい姿
　健康な心と体、自立心、協同性、道徳性・規範意識の芽生え、社会生活との関わり、思考力の芽生え、自然との関わり・生命尊重、数量や図形、標識や文字などへの関心・感覚、言葉による伝え合い、豊かな感性と表現

○保育理念
○保育方針
○保育の目標
○予想される子どもの発達過程
(0歳から6歳まで)
○各年齢の保育の目標と内容
○配慮事項等

○指導計画
○環境構成の計画
○食育計画
○保健計画
○避難訓練の計画
○行事の計画
○その他の計画

○保育の内容 (ねらい及び内容・内容の取扱い)
□ 乳児保育
□ 1歳児保育
□ 2歳児保育
□ 3歳児保育
□ 4歳児保育
□ 5歳児保育

○地域
地域の生活条件、環境、文化などの特性
近隣の関係機関及び人材等の実態を踏まえる

○地域の保護者に対する子育て支援

○保育所における子育て支援

164

● 全体的な計画の作成の手順

　全体的な保育の計画のもとに保育が運営されます。したがって、保育は施設長のリーダシップのもとに組織的な取り組みとなり、すべての職員が関わることになります。保育所保育指針解説では全体的な計画の作成の手順として以下の例をあげています。

1) 保育所保育の基本について、職員間の共通理解を図る。
   - 児童福祉法や児童の権利に関する条約等、関係法令を理解する。
   - 保育所保育指針、保育所保育指針解説の内容を理解する。
2) 乳幼児期の発達及び子ども、家庭、地域の実態、保育所に対する社会の要請、保護者の意向などを把握する。
3) 各保育所の保育の理念、目標、方針等について職員間の共通理解を図る。
4) 子どもの発達過程を長期的に見通し、保育所の生活全体を通して、第2章に示す事項を踏まえ、それぞれの時期にふさわしい具体的なねらいと内容を、一貫性をもって構成する。
5) 保育時間の長短、在籍期間の長短、その他子どもの発達や心身の状態及び家庭の状況に配慮して、それぞれにふさわしい生活の中で保育目標が達成されるようにする。
6) 全体的な計画に基づく保育の経過や結果について省察、評価し、課題を明確化する。その上で、改善に向けた取組の方向性を職員間で共有し、次の作成に生かす。

● 指導計画の構造

　指導計画（図13の点線で囲われた部分参照）は、全体的な計画に基づいた保育を実施する際のより具体的な方向性を示したものです。指導計画は、ある時期における子どもの姿から考えられる保育のねらい・内容・環境、そこで予想される子どもの活動、それに応じた保育者の対応や配慮、家庭との連携や保育者間の連携のあり方などが記入されます。

　指導計画は、長期のもの（年間指導計画、期間指導計画、月案）と短期のもの（週案、日案）があります。短期になればなるほど具体的になっていきます（図14参照）。

現実的には、日案は必要に応じて作成されますが、通常は週単位で、あるいは月を2つか3つに分けて作成されます。年齢が低いほど計画の期間を細かくしないほうが子どもの発達に即していると思います。

図14　全体的な計画から、日々の保育（指導計画日案）へ

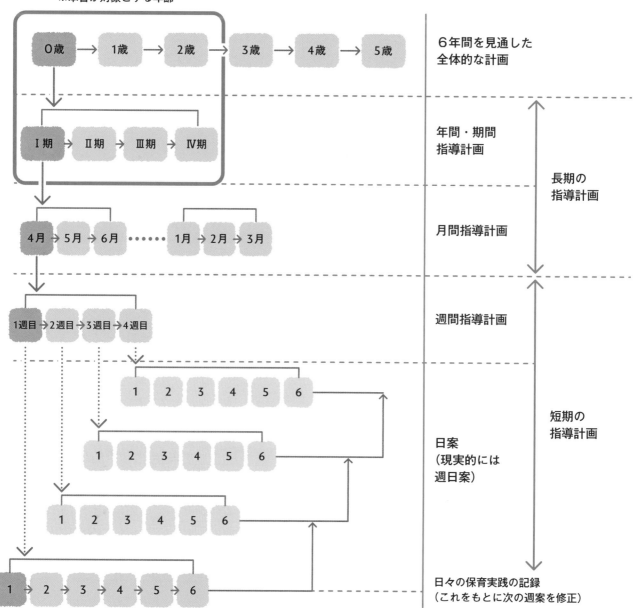

●3歳未満児の指導計画作成の留意点

　指導計画の作成においては、保育のねらいや内容を参照するとともに、子どもたちの生活や遊びを基底で支える健康や安全、保護者支援なども考慮します。同時に、自らのクラスの一人ひとりの子どもの発達や願いを理解して作成することになります。特に、3歳未満児においては、心身の発育・発達が顕著な時期であり、その個人差も大きいため、一人ひとりの子どもの状態に即した保育が展開できるよう、個別の指導計画が必要になります。保育所保育指針では、3歳未満児の指導計画の作成上の留意点として以下の点をあげています。

> （ア）3歳未満児については、一人一人の子どもの生育歴、心身の発達、活動の実態等に即して、個別的な計画を作成すること

　個別の計画は、月ごとに立てることを基本とし、子どもの状況や季節の変化などにより、ある程度見通しに幅をもたせ、子どもの実態に即した保育が可能となるように立案します。

　保育所における集団生活の中で、保育者が一人ひとりの子どもの欲求に丁寧に応答するために創意工夫が求められます。それには、子どもが安心感をもって、探索活動や好きな遊びができる環境をどのように構成するのか、また、一人ひとりの不安や混乱した状態などが適宜、保育者に受け止められるように配慮された計画になっていることが重要になります。

　保育所保育指針の解説では、以下の点も求められています。

> ● 3歳未満児は心身の諸機能が未熟であるため、担当する保育士間の連携、看護師・栄養士・調理員等との緊密な協力体制の下で、保健及び安全面に十分配慮すること
> ● 緩やかな担当制の中で、特定の保育士等が子どもとゆったりとした関わりをもち、情緒的な絆を深められるようにすること
> ● 保護者支援においては、その思いを受け止めながら、「子どもの育ちを共に喜び合う」という基本姿勢をもち、一日の生活全体の連続性を踏まえて家庭との連携を盛り込むこと

② 保育（指導計画）の展開

● 子どもの姿—計画—実践—振り返り・評価—計画の修正・改善

　保育は、「今・ここ」での子どもとの関わりや生活（遊びを含む）だけをさすわけではありません。直接子どもと関わるやりとりは、育ってほしい子ども像（目標）に向けて、子どもの気持ちを尊重しながらどのような内容（体験してほしいこと）をどのように展開するのか、指導計画をもとに実践することになります。

　子どもとの「今・ここ」の関わりの実際においては、必ずしも計画通りにはいかず、子どもとのやりとりの最中において、子どもの気持ちを尊重して、計画を微調整したり、関わり方の修正してみたりと、その場と対話しながらの実践になります。

　実践後は、やりっぱなしというわけにはいきません。子どもの望ましい発達を保障するために、自らの保育実践を評価する（振り返る）ことになります。自分の記憶だけではなく、どのように子どもと関わったのか、子どもの活動はどうだったのかなどを記録し、その記録をもとに、保育実践を振り返ることを通して評価を行います。

　保育の評価をもとに、計画を修正したり、あるいは改善をした計画を改めて作成することになります。

　つまり、日々の保育は、目の前の子どもの生活や遊びに現れる姿から計画を立て、それをもとに実践し、実践においても子どもの姿を意識することになります。実践終了後に、記録された子どもの生活や遊びの姿をもとに実践を振り返り、評価します。この評価（子どもにとってどうだったか）をもとに、次の計画の修正をして実践に臨むことになります。保育の営みは途切れることなく計画→実践→評価→計画の修正・改善→実践……と循環し続けることになります（図15参照）。

　この計画と実践を子どもの姿に添って改善・実践されることで、保育の質（子どもの最善の利益）の向上が図られていきます。

図15　保育の構造

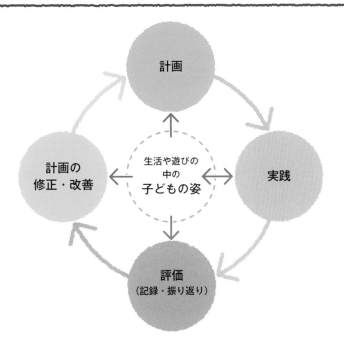

●3歳未満児の指導計画作成の手順

　指導計画作成の手順は、個別の計画もクラスの指導計画も同じです。ここでの事例は、月の個別の計画を用います。

前月の子どもの姿をとらえる

　保育の場は、一人ひとりの子どもが主体として生活や遊びをする中で、様々な発達につながる体験をするところです。その一人の子どもの発達を支えるための指導計画ですから、まずは、その子どもの今の発達過程をできる限り理解します。個別の指導計画のもとになるのは、標準的な子どもの発達の姿やこの年齢ではこうあるべきという保育者の子ども像ではありません。

　その子どもの姿を何で理解するのか。日々の子どもとの関わり（関わりの事実）を記録した保育日誌の中の、その子どもについてのエピソード記録の集まりから理解することになります。そのためには、一人ひとりとの関わりを意識的にすることです。そして、その日のうちに保育日誌に記録することです。やり取りの記録は、やり取りの状況が後で読んでもほかの保育者が読んでも理解できるように、個人名で、具体的

に記録します。

　次の月の指導案を作成するために、前月の子どもの姿（日誌に現れたその子どもの姿）を整理することになります。実際には、前月の最後の週あたりの子どもの姿を抜き出します（表15・左側参照）。その姿から子どもの今の発達過程を理解します（表15・右側参照）。4月においては、新入児など前月がわからないときもあるので、最初のころの関わりを丁寧に記録したり、保護者からの聞き取りを丁寧に行って計画を作成することになります。

今月のねらいを設定する

　年間指導計画と前月の子どもの姿から考えることになります。あらかじめ作成されている該当期間（年間計画・期間計画）のねらいをもとにして、前月のこの子どもの姿に照らし合わせながら、今月のねらいを具体的に考えます。前月のねらいや子どもの姿から考えて、無理のないように連続させて、修正しなければならないところを修正して、月のねらいを設定します。

　事例にあげた保育室（0歳児クラス）の年間計画の該当期間のねらいとあまりずれ

表15　保育日誌（Aちゃん）・1歳0か月の発達の姿を理解する

日	子 ど も の 姿 の 記 録	体験していることを読み取る（子ども理解）
25	頻繁にダンボールのトンネルにはいしていき、保育者と「ばあー」と顔を合わせて笑い合う。そして、また、はいはいでトンネルに入っていく。	● 思うように体が動くことがうれしい。 ● 保育者と動作を伴って気持ちをやり取りすることを喜ぶ。
26	ジャングルジムに向かってはっていき、つかまって立ち上がる。ふらふらしてバランスが崩れるので、後ろから体を支え、座らせるが、また立ち上がる。	● ジャングルジムがどんなものであるのかわかり、やってみようとする（今を超える力）
27	● 保育者がうたっていると、声を聞きつけてはいいで近寄ってくる。目が合うとにっこりして歌を聞いている。「ゾウさん」をうたうと合わせて体を揺らしている。 ● 戸から顔をだして「いあー」と言ったりかくれたりして笑っている。 ● 食事の準備をしていると食べたいとでも言っているかのように声を出して訴える。	● 保育者の歌（興味のある）をよろこんで聞く。 ● 歌に合わせて喜びを体で表現する。 ● いないいないば〜がわかり、自らその楽しさを作り出そうとする。 ● 気持ちを喃語で表現する。
28	● 保育者の顔を見て笑いかけることがよくある。保育者のまなざしや表情を見て、体を揺らす。 ● 排便がスムーズになっている。体の動きがスムーズになったことも関係があるのだろうか。	● 自分から、相手（大好きな保育者）が応えてくれるのを期待して働きかける（笑顔で、体を揺らして、うたって）。
29	● 早く食べたいと身を乗り出し、声を出しながら訴える。1対1で離乳食を食べている時に来客あり。その対応のために「お客さんのところに行ってくるね」とほかの保育者にお願いをして離れると、怒り大泣きで食べようとしない。対応が終り「ごめんね。お客さんだったよ」と言いながら抱き上げると、泣きは治まり、パクパク食べ始めた。	● 自分の欲求を体や喃語で訴える。 ● 予想を裏切られることに対する怒りを表現する（大泣き、食べない—要求がはっきりしてきている）。元に戻ったこと（不満が解消されたこと）で、安心する
30	● 午睡中、目覚めた時、保育者がそばにいて「おるよー。おめめさめたねー」と声をかけると安心したのか眠る。 ● トンネルから顔を出し、「ばあー」と言うのに合わせて「ばあー」と返すと何回も「ばあー」をくり返し笑顔があふれる。	● 安心感 ● やり取り遊び（働きかけ、働きかけ返してもらうことの快さを味わう（信頼感の深まり）

25日〜30日の保育日誌から、Aちゃんについて書かれているエピソードを抜き出したもの

ていなかったことと、子どもの発達理解（表15・右側参照）をもとに、ねらいが片寄らないように3つの視点、つまり、「健やかに伸び伸び育つ」「身近な人と気持ちが通じ合う」「身近なものと関わり感性が育つ」から考えます。いつでも3つの視点が揃っていなければならないということではありません。ちなみに、事例の子ども前月の姿からは、ものと関わる活動が活発ですが、保育者は「体が思うように動く喜び」に視点を置いて、以下のようなねらいを設定しました。しかし、ものとの関わりをないがしろにしているということではありません。

---------------------------------- **ねらい** ----------------------------------

- 周囲のものに自分から関わるなど、体が思うように動くことを喜ぶ。
- 保育者の言うことが分かり、一緒に動作するなどして楽しんだり、自分から保育者に働きかけたりする。
- 思うようにいかないことを泣いて訴えるなど主張する。

ねらいを達成するための内容を考える

　内容は、どのような体験をすることでねらいの達成に向かうのかを考えます。体験の内容が片寄らないように、ねらいと対応させる形で考えることになります。
　事例のねらいに沿って、内容を考えてみましょう。

---------------------------------- **内容** ----------------------------------

- 保育者に見守られて安心して眠る。
- 好きなおかずを見つけて手に持って食べようとする。
- 興味のあるものを見つけて、思うように動き回ることの楽しさを感じる。
- 保育者の歌やリズムなどに合わせてやり取りすることを喜ぶ。

　ねらいの達成に向けて、Aちゃんの興味や関心からの活動を通して十分に体験してほしいこととして、上記の4つの内容を考えました。内容は保育者がAちゃんに体験してほしいこととして考えたものですが、子ども（Aちゃん）は自分の欲求から活動

します。そして、この活動を通して体験されることで、子どもは発達（様々な力を身につけていく）していきます。ですから、内容（大人が子どもに体験してほしいこと）と活動（子どもが自ら行動すること）は異なります。

　例えば、ねらいの「周囲のものに自分から関わるなど、体が思うように動くことを喜ぶ」に対応する内容は、「好きなおかずを見つけて手に持って食べようとする」「興味のあるものを見つけて、思うように動き回ることの楽しさを感じる」があげられます。ねらいの達成に向けての子どもの興味からの活動として考えられることは、穴に物を入れようとする、小さな隙間を通り抜けようとする、鉄棒にぶら下がる、ほかの子の落としたおかずを拾おうとする、シャベルで穴を掘ろうとする、水道の蛇口を回そうとする、トイレのレバーを押して水の流れるのを見る、トイレットペーパーを引っ張り出す、でこぼこ道を危なげに歩くなど、日常の子どもの姿を観察すると無数にあるわけです。ですから、内容としてあげた2つにこだわらずに、それらと同じ体験が可能となる活動で代替されるかを考えることになります。大人が決めた内容を無理強いすることのないように、柔軟に対応したいものです。

　ただし、危険を避けるなどの安全面は保育者がしなければならないことです。何を禁止するのか、そして、どのように禁止するのかは十分に検討することが必要になります。そうしないと、子どもが主体的に、自分の体を思うように動かすことを楽しいものと感じる体験が難しくなり（強いられることでは楽しさを感じない）、自立の基礎となる体を思うように動かすことの快さにならないということです。

環境を構成する

　環境の構成は、一つの保育室で数人の子どもたちが一緒に生活しているので、必ずしも、その子ども（Aちゃん）だけの活動を考えて構成されるわけではありません。この保育室に生活する一人ひとりの子どもの、それぞれのねらいと内容が達成される子どもの活動を予想して構成されることになります。

-------------------------- 環境構成 --------------------------

● 一人ひとりのペースで飲んだり食べたりできるように、また、眠たい時に眠れるように場を区切るなどして静かでゆったりとした環境を整える。
● 一人ひとりの体調や、天候を見ながら、園庭に出て遊んだり、ベビーカーなどを使って散歩に出かけたりする機会をつくる。

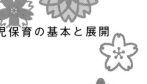

●一人ひとりの子どもの発達や興味にそったおもちゃを用意して、子どもが取り
　やすいように遊びのコーナーなどを工夫した環境を整える。

保育者の配慮

　一人ひとりの子どもの主体性を尊重した保育において、また、養護的側面として保
育者が適切に行うことは、一人ひとりに対して行うことになります。Aちゃんの養護
的側面を含めた配慮点を考えてみましょう。

保育者の配慮（養護的側面を含む）

●自分で手に持って食べるうれしさに共感しながらAちゃんのペースで食べられ
　るようにする。
●おむつを替えるのを嫌がるときには、Aちゃんの好きな歌をうたいながら無理
　強いしないように誘う。おむつを替えているときは、「おしっこでたね」「気持
　ちよくなったねー」と言葉を添えて気持ちよさを感じられるようにする。
●室内の滑り台で遊んだり、室内外をはったり、つかまり立ちしたりするなど、
　思う存分に体を動かせるよう環境を整える。滑り台など大型遊具のそばですぐ
　に対応できるように見守り、安全に遊べるように気を配る。
●Aちゃんの表情や声などでの働きかけに、「うれしいね」「見つけたの」などと
　共感しながら応答し、保育者とのやり取りに喜びを感じられるようにする。

保護者との連携

　子どもは、目覚めている時間のほとんどを保育所で過ごしていますが、保育所だけ
で育っているわけではありません。子どもの24時間を視野に入れた保育が必要にな
ります。保護者が、直接関われない子どもの様子を知り、共に育てていくためには、
保育者との連携が必要になります。連絡帳や朝夕の送迎時のやり取りが大切になりま
す。その時間をどのように過ごすか。また、連絡帳に何を書くかを考えておくことが
大切です。
　Aちゃんの次の月の保護者との連携について考えてみましょう。

- 離乳食の進め方について、園と家庭で大幅くズレないように、連絡帳や送迎時に、食事中のAちゃんの様子を伝える。手づかみは自分で食べようとする気持ちの現れであり、発達の意味合いを含めて対応の仕方などを伝え、家での様子も知らせてもらう。
- 体が動くことがうれしく活発になってきているなど、成長を喜び合うとともに、危険や誤飲など、気をつけたいことを具体的に知らせ、対応について共有を図っていく。

　以上、0歳児クラスのAちゃんの例をもとに、個別の指導計画作成の手順を具体的に見てきました。ほかに、クラス全体としては、保育者間連携やその月の行事などをどのようにするのかについて確認し、計画します。

● 指導計画作成後の確認

　以上の手順で指導計画（月の個別の計画）を作成しました。次のチェック・ポイントに従って指導計画の最後の確認をします。

☑ 計画に当たって、先に活動を決めていなかったか（子どもの姿の理解からの計画）。

☑ 活動だけが書かれている指導計画になっていないか。

☑ ねらいと内容の意味を理解し、区別して記述しているか。

☑ ねらいを子どもの生活や遊びの姿からとらえているか（子どもが主語になっているか）。

☑ ねらいと内容が対応しているか（ねらいはねらい、内容は内容とばらばらになっていないか）。

☑ 環境の構成や配慮は、子どもの発達や興味に即したものになっているか。

☑ 環境の構成や配慮は、内容を体験するうえで予想される子どもの活動を多方向からとらえて構成されているか、配慮があるか。

☑ 家庭との連携は保護者の事情や願いを理解して立てられているか。

③ 保育の振り返り・評価

●自己評価

　保育の評価は、一人ひとりの子どもの発達過程と育ちへの要求を理解し、育とうとする子どもの発達を援助するうえで、より適切な環境構成や関わり方などを考えるために行います。一般化された発達の姿を基準に、その姿に到達しているかどうかを評価するのではなく、発達の過程そのものを、つまり、子どもの今の姿をとらえ、その子どものこれからのねらいや内容を考えるためのものです。子ども同士の育ちを比較するためではありません。

> ア　保育士等の自己評価
> （ア）保育士等は、保育の計画や保育の記録を通して、自らの保育実践を振り返り、自己評価することを通して、その専門性の向上や保育実践の改善に努めなければならない。
> （イ）保育士等による自己評価に当たっては、子どもの活動内容やその結果だけでなく、子どもの心の育ちや意欲、取り組む過程などにも十分配慮するよう留意すること。
> （ウ）保育士等は、自己評価における自らの保育実践の振り返りや職員相互の話し合い等を通じて、専門性の向上及び保育の質の向上のための課題を明確にするとともに、保育所全体の保育の内容に関する認識を深めること。
>
> （保育所保育指針第1章、下線筆者）

保育の記録−保育日誌を丁寧に

　あるべき姿や思い込みからの保育ではなく、子どもの姿から保育を組み立てる子ども主体の保育には、その実践のための根拠が必要になります。これからの子どもの発達を保障するうえでのねらいや内容を考えるために、今・ここの子どもの姿をありのままにとらえ、その姿をもとに発達過程を理解し見通しをもつことが重要です。その

ために保育日誌を位置づけたいものです。一般的によく見られるような、後で見ることがほとんどないような業務日誌としてではありません。

　保育日誌に書き込む項目は様々ありますが、特に、子どもの生活や遊びの姿をとらえるための一人ひとりの子どもの姿が書き込まれていることが必要となります。毎日、クラス全員の子どもというわけにはいかないと思いますので、一週間単位ぐらいで、クラスの子どもの全員の姿が記されているようにしましょう。

保育日誌の子どもの姿から子ども理解を深める保育の評価

　それらの記録から、子どもの育ちをとらえる視点として、保育所保育指針解説を参照して以下のようにまとめました。

- ●乳幼児期の発達の特性とその過程を参照し、その子どもの発達過程に沿って、ねらいと内容の達成状況を評価することを通して、一人ひとりの子どもの育ちつつある様子をとらえる
- ●遊びのきっかけや、展開、終わりというように体験の連続の中で育つものに目を向ける
- ●ものや人に対する感情の揺れ動きなど、一人ひとりの心の動きや内面の育ちをとらえる
- ●子どもが何をしていたのかとか、できるできないという行動面だけでとらえない
- ●発達には個人差があるので、ほかの子どもと比べない
- ●子ども同士及び保育者との関係など、周囲の環境との関わり方も視野に入れてとらえる
- ●必要に応じて、生育歴や保育歴、家庭や地域社会での生活の実態なども考慮する

　一人ひとりの子どもの育ちを保障するうえでは、個別の理解が重要ですが、集団保育の場では、その場における子どもたちの生活や遊びを視野に入れながらの一人ひとりの理解ということになります。つまり、園環境の中で、保育者間、他職種間、保護者との連携のあり方、子ども同士の関係など、複雑に絡み合いながら、互いに影響を

受け合いながら育ち合っているという視点も忘れないようにしたいものです。

●保育を他者の目を通して評価する

　保育は究極において、主観的な営みです。主観的というのは、自分の思い通りに行うことではありません。保育の専門的な知識や技術をそのまま、例えば「こういう場合はこのように保育する」というように、保育を技術として用いるだけでは子どもは育ちません。保育の専門的な知識、技術をもった保育者が、子どもとの関係の中で心を動かされてやり取りする中で子どもは育っていきます。専門の知識や技術が保育者一人ひとりの保育実践の中で何度も何度も自問自答され、吟味がくり返され、自分のものになるという意味において主観的な営みと言えます。

図16　評価の構造

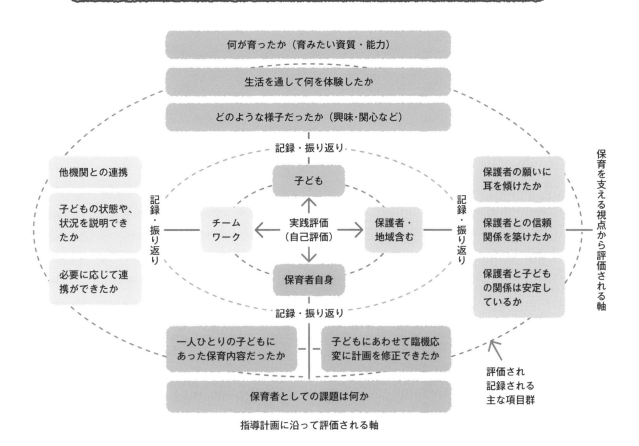

このことを保育者は肝に銘じて、自分自身の保育実践を見る目、子どもを理解する目を厳しくチェックすることが要求されます。自らの主観のありようを問うことです。

　そのためには、自分で自分を見るだけではなく、他者の目を通して自分を見ること、他者との主観の在りようを共有する（間主観的といいます）ことが必須です。保育に対する主観を共有することで、自らの保育の妥当性を担保することになります。

　保育の評価は、個人だけで行うだけではなく、保育を行っている様子を保育者間で見合い、子どもの行動の見方や自分の保育について話し合うことなどが重要になります。保育者が、それぞれの作成した指導計画をもとに、保育における意図や願いを、子どものエピソードなどの根拠をもって話し合う中で、自らを他者の目を通して見ることになります。自分では気づかない良いところや課題を発見することになります。また、ほかの保育者の意見を聞いて、子どもの見方が広がったり深まったりします。このような取り組みを園全体で行うことで、園の保育の質の向上に向けた取り組みにもなります。

　保育の評価は、どうすれば子どもの最善の利益（一人ひとりの子どもの発達の保障）につながるかの評価であり、欠点を探し出して、その欠点を直すように迫る評価ではないということです。保育の評価をきちんと行う道しるべとして、これまでに述べたことを図16に表しました。項目を参照しながら、子どものための、そして、自分の専門性向上のための評価を行いましょう。

資料

関連する計画

全体的な計画

保育理念	◎健やかで心豊かな子どもを育てるとともに、保護者に信頼され、子育て家庭にやさしい、地域に開かれた園をめざす
保育目標	●心身ともに健康な子ども ●意欲、自主性、思いやりのある子ども ●豊かな感性をもつ子ども
保育方針	●一人ひとりの子どもの心に寄り添い、安心感と信頼感のある保育 ●自由感のある保育の中で、失敗やまわり道をしながら様々な経験を重ね、生きる力を培う保育 ●異年齢保育を通し、思いやりや助け合いの心を育てる保育

発達過程	0〜2歳	**6か月未満** ●心身の未熟性 ●著しい身体的成長と感覚の発達 ●首がすわる、寝返り、腹ばい ●表情の変化、体の動き、喃語などによる表現	**6か月から1歳3か月未満** ●座る、はう、立つ、伝い歩き、手を使うなど、運動機能の発達により探索行動が活発になる ●大人との関わりが深まり、やりとりが盛んになる ●愛着と人見知り
	3〜5歳	**3歳から4歳** ●基本的生活習慣の形成 ●話し言葉の基礎の形成、知的興味・関心の高まり ●予想や意図、期待をもった行動 ●平行遊び	**4歳から5歳** ●全身のバランス力、体の動きが巧みになる ●自然など身近な環境への関わり方や遊び方を体得 ●自意識の高まりと葛藤の経験、けんかが増える

健康支援	健康診断（年2回）　歯科検診（年2回）　身体測定　日々の健康視診　保健指導（手洗い、歯磨き、うがい）　食育推進（食事・健康だより発行）　家庭での健康把握（0・1歳児）　アレルギー児への対応（除去食、代用食）　感染症の発生および対応の広報
環境・衛生管理	園舎内外の清掃　布団乾燥（年3回）　尿検査（年1回）　職員検便（調理、0・1歳児担当者　毎月）　ペーパータオル使用（全園児、全職員）　ポンプ式泡石けん使用　個別用タオル使用（3歳以上児）　乳児おもちゃの清浄・消毒　砂場の消毒　カーテン・じゅうたんのクリーニング
安全対策・事故防止	避難・消火訓練（毎月）　園庭遊具・施設設備安全点検（年4回）　事故記録簿の作成　災害救助協力員の設置　交通教室（毎月）　危機管理マニュアル作成　救命（AED）講習会（年1回）　ヒヤリハット記録
保護者・地域等への支援	保育参加　祖父母学級　連絡帳による情報交換（毎日）　園だより・クラスだよりの発行　園開放（毎週水曜日）　世代間交流　実習生・中高生職場体験・ボランティア受け入れ　地域行事への参加（小学校運動会、「コミセンまつり」）　献立表　食事＆健康だより

人権尊重
　保育者などは、子どもの人権を守るために、法的、制度的に裏づけられていることを確認し、人権に配慮した保育を行う

説明責任
　保護者や地域社会に対して、園の理念・方針・保育の内容などを適切にわかりやすく説明する

情報保護
　保育にあたり知り得た子どもや保護者に関する情報は、正当な理由なくもらしてはならない

苦情処理・解決
　苦情解決責任者である施設長の下に担当者を決め、書面における体制整備をする。また、第三者委員会を設置する。内容について、職員の共通理解を図る

1歳3か月から2歳未満
- 歩行の開始と言葉の習得
- 歩く、押す、つまむ、めくるなどの運動機能の発達による行動範囲の拡大
- 周囲への関心や大人との関わりへの意欲の高まり

2歳以上
- 歩く、走る、跳ぶなど基本的な運動機能の伸長や指先の機能の発達
- 食事、衣類の着脱、排泄などを自分でしようとする
- 語彙の増加、自己主張の高まり、自我の育ち
- 模倣やごっこ遊びが始まる

5歳から6歳
- 基本的生活習慣の確立
- 運動遊びをしたり、全身を動かしたりして活発に遊ぶ
- 仲間とともに遊ぶ中で規範意識や社会性を体得
- 判断力・認識力の高まりと自主性・自律性の形成

6歳以上
- 滑らかで巧みな全身運動、意欲旺盛で快活
- 仲間の意思の尊重、役割分担や協同遊びの展開
- 思考力や自立心の高まり、自然・社会事象などへの興味・関心の高まり

研修計画	園内研修（保育指導研究会・課題をもった研修会）　園外研修　自主研修
特色ある保育	異年齢混合保育（3歳児以上）　乳児保育（担当制の導入）
小学校との連携	保育所児童保育要録などの送付　就学児情報交換会　運動会・発表会の観覧　就学前の小学校見学　小学校高学年の来園（交流会）
自己評価	保育理念・保育方針・保育課程の理解　保育者の評価（自己評価表の実施）　保育所の評価

主な行事：入園式　こどもの日　お楽しみ会　クラス遠足　七夕まつり　親子バス遠足　親子夏まつり　運動会　発表会　クリスマス会　だんごさげ　作品展　豆まき　バイキング　ひなまつり　卒園式　誕生会

保健計画

目標	健康な心と体を育て、自ら健康的で安全な生活ができるような力を養う

ねらい	◉ 保健的で安全な環境の中で生命を保持し、一人ひとりの生理的欲求や思いを受け止め、情緒の安定を図る。 ● 簡単な身のまわりのことに興味をもち、自分でしようとする。 ● いろいろな遊びを通し、保育者や友だちと関わることを楽しむ。 ● 自然や身のまわりのものに興味や関心をもつ。 ● 保育者や友だちとの関わりの中で、少しずつ言葉を覚え、自分の思ったことを伝えようとする。 ● 生活や遊びの中で、様々な歌や音楽に触れ、自分なりに表現することを楽しむ。

	乳児
年齢別のねらい	● 一人ひとりに合った生活リズムで、心身ともに健康に過ごす ● 睡眠、食事、排泄などの生理的欲求を満たし、生活リズムを整える ● 寝返り、ハイハイなどの運動を十分にする

	1期のねらい（4・5・6月）	2期のねらい（7・8・9月）
内容	● 新しい環境や園の生活に慣れる ● ゆったりとした生活の中で、体のリズムを整え生活する	● 戸外で元気に遊ぶ ● 暑さに負けない元気な体をつくる ● 生活リズムを整える
保健に関する事項	● 園児検診 ● 内科健診、歯科検診（全園児実施） ● 健診嘱託医との連絡 ● 健康管理 ● 職員細菌検査（検便）毎月 ———— ● 乳幼児の身長・体重測定　毎月 ————	● 心理相談（随時） ● 健診嘱託医との連絡
健康管理に関する事項	● 入園児の健康診断と結果の把握 ● 園児の身体的特徴の把握（発育状況、既往歴、予防接種状況、体質、特徴の把握） ● 衛生品整備 ● 健康状態の観察・検温の徹底（毎日） ● 清潔の習慣づけ、手洗いの徹底 ● 室内を換気し湿度・温度を調整する ● 入園児の疲労に留意する ● 梅雨時の衛生管理 ● 汗をかいたら沐浴を行い、衣服の着替えを行う ● 気温の変化によって衣類を調節する ● 冷房器具の整備 ● 遊具消毒、壁・床消毒（毎月）	● プール開き（水遊び時の健康状態の把握） ● 暑さに体が適応しにくいので、休息を十分にとるように指導する ● 皮膚の状態、頭髪の観察（とびひ、頭しらみの有無等） ● こまめに水分摂取を促す ● 日よけの完備、風通しをよくし、気温と室温の差に留意する ● 汗をかいたら沐浴を行い、衣服を着替える ● 熱中症に注意し、頻繁に状態観察をする ● 休息を十分とれるよう援助する ● 疲労の回復をはかる

健康管理に関する各種書類　チェック一覧

- □健康診断票　□年間健診計画書　□健康診断結果お知らせ
- □睡眠チェック表　□食物アレルギー児への対応マニュアル
- □身体測定記録簿　□施設・遊具の安全チェック表
- □歯科検診管理簿　□保健だより　□生活調査票
- □ヒヤリハットの記録　□登園許可書
- □連絡帳　□事故報告書　□与薬依頼書

環境整備

- 保育室の温度・湿度・換気に留意する
- 備品・おもちゃ・固定遊具及び園内外の整備など安全点検をする
- けがの予防に努め、全身運動と適度な休息のバランスをとる

1歳児から3歳未満児

- 睡眠・食事のリズムが整い、十分に体を動かして遊ぶ
- 手洗いやうがいの習慣が身につき、排泄の自立に向けてトイレへの関心が高まる

3歳以上児

- 生活リズムが整い、体を動かし存分に遊ぶ
- 健康・安全に必要な生活習慣が身につく
- 排泄の自立、簡単な身のまわりのことをしようとする

3期のねらい（10・11・12月）

- 全身を使って遊び、体力をつける
- 風邪の予防に努める
- 衣服を調節し、冬の習慣に慣れる

- 心理相談
- 内科健診、歯科検診（全園児実施）
- 健診嘱託医との連絡
- 園舎消毒
- 衛生管理

- 生活リズムを整える
- 戸外遊びを推進し、体力増強を図る
- 疲れすぎないように配慮する
- 皮膚状態、頭髪の観察（虫さされ、とびひ等）

- エアコン、暖房器具の整備
- 手洗い、うがいの指導
- 室内の換気、室温、湿度に注意し調整する

- 検温の徹底
- 気温の変化によって衣類を調整する

4期のねらい（1・2・3月）

- 生活に必要な衛生・安全の習慣を身につける
- 寒さに負けず、元気に遊ぶ

- 心理相談
- 衛生管理
- 健康管理
- 感染予防

- 室内の換気、室温、湿度に注意し調整する
- 検温の徹底
- 健康記録の整理
- 保健計画の反省
- 新入園児の面接・健診

 保護者との連携

- 子どもの家庭での生活実態、健康状態、既往症、予防接種履歴などの情報提供をしてもらい、子どもにとって適切な保育を行う。
- 子どもの成長過程を日々の生活を通して細かに伝え、家庭と園で、心身ともに一貫して過ごせるようにする。
- 食物アレルギーのある子については、家庭との連絡を密に行う。アナフィラキシーショックのある子へは、個別の献立表などを作成し、緊急時の対応について消防署、病院と事前に打ち合わせ、情報を共有する。
- 家庭と連携を取り、子ども一人ひとりの体質やアレルギーの有無、好き嫌い、食事の量、離乳食などを把握し、安全に食育活動を進める。

食育計画

食育目標…"食"に関心をもち、健康な心と体を育て、自ら健康的で安全な生活ができるような力を養う。

季節	春		夏		
月	4	5	6	7	8
行事食・郷土食	誕生会メニュー ──	ふき煮、わらび汁 子どもの日	ささ巻 筍煮	七夕（そうめん汁） なだ巻き	夏野菜カレー
			お楽しみ給食	土用丑の日　だし ──	➡ お楽しみ給食

給食に取り入れる 旬の野菜等

茎立ち	サヤエンドウ	サヤインゲン	じゃが芋	キュウリ、枝豆
イチゴ	アスパラ	ほうれん草　インゲン	トマト　なす・トウモロコシ	
春キャベツ	アスパラ菜　筍	ミニトマト	オクラ	カボチャ
わらび	ブロッコリー	サクランボ	メロン　スイカ	ブドウ

食育だより

園給食について　カフェテリア給食について　　むし歯予防　　食中毒予防　　夏野菜の話
ごはんの量　朝食の大切さ　　よくかもう！　　咀嚼　手洗い
旬の野菜・行事食・献立紹介 ──

	年間目標	1期のねらい（4・5・6月）	2期のねらい（7・8・9月）
0歳児	一人ひとりの発達に合わせ授乳、離乳を進め発育発達を促す。	● 一人ひとりが安心して乳汁を飲み、また離乳食を食べる。	● 個々に応じた授乳を行い、楽しい雰囲気で離乳食を食べる。
1歳児	スプーンやフォークの正しい持ち方を知り、食べることの楽しさを感じ、意欲的に食べられるようにする。	● 保育者に見守られ安心して食べる。	● いろいろな食べ物を見る、触れる、味わうことを通して食に関心をもつ（低月齢児は手づかみ食べを十分に経験する）。
2歳児	楽しい雰囲気の中で、食べ物に関心をもち、自分で食べようとする気持ちを育てる。	● 食事（おやつ）を保育者や友だちと一緒に楽しく食べる。	
3歳児〜5歳児	生活と遊びの中で、自ら意欲をもって食に関わる体験を積み重ね、食べることを楽しめるようにする。	● 友だちと一緒に楽しく食事をする。 ● カフェテリア方式（※）を通し、自分の食べられる量を知る。 ● 自分たちで畑作りをし、その生長や収穫物に関心をもつ。 ● いろいろな食材を食べてみようとする。 ● 食事の正しい姿勢、マナーを知る。 ◎ 騒がず座って食事を楽しむ。	
調理室の配慮点（0〜2歳児）		● 家庭と連絡を取り、個々に合わせた形態・食材を把握したうえで、切り方、大きさに注意して提供する（離乳食）。 ● クラス訪問を行い、喫食状況を把握し、成長に合った調理方法を工夫する。また、訪問時、子どもとの交流を図る。 ── ● スプーンやフォークで食べやすい切り方に配慮する。 ── ● うす味給食を心がける。 ──	
調理室の配慮点（3〜5歳児）		● 家庭で食べ慣れた献立を取り入れる。 ● 食べることが楽しくなるような盛りつけや献立を取り入れ、食に対する関心をもてるようにする。 ● 子どもが取り分けしやすく、食べやすい切り方、大きさに配慮する。 ● クラス訪問をしっかり行い、食材の固さ、大きさなど喫食状況を把握し、調理方法を工夫する。 ── ● 咀嚼を促す食材を取り入れる。 ──	

園と家庭・地域との連携

● 日々の給食の状態や食材、子どもたちそれぞれの様子、反応について、写真、連絡帳、口頭などで知らせ、個々の成長を保護者と共有する。
● クッキングなど食育活動の意義や様子を知らせる。

● 献立表、食育だよりで園の食事について知らせ、食への関心と啓蒙を図る。
● 食事の見本の展示し、保護者に試食をしてもらい、園給食への関心を高める。

	秋			冬			春
	9	**10**	**11**	**12**	**1**	**2**	**3**
	芋煮、みそ揚げ 里芋のみそ和え	栗ごはん がんばれ給食	新米（おにぎり）	小豆カボチャ クリスマス	納豆汁（七草）	節分	ひな祭り お別れバイキング
			お楽しみ給食			お楽しみ給食	お祝い膳
	キャベツ 里芋	さつま芋 新米	ゴボウ　大根 しいたけ　ねぎ 青菜　　白菜 →	セロリ　レタス		かぶ イチゴ	
		リンゴ	なし、かき	ラフランス			
	夏バテ回復 夏バテ防止	冬の感染症	年末年始行事の食べ物 免疫向上の習慣（ノロウイルス・インフルエンザ）		健康チェック	節分	食事マナー ひな祭り　バイキングの報告

	3期のねらい（10・11・12月）	**4期のねらい（1・2・3月）**
	● 離乳食では、咀嚼することを知らせ、こぼしても自分で食べようとする気持ちをもつ（手づかみ食べを大事にする）。	● 食べやすい持ち方でフォークやスプーンを使い、食べることに慣れる。 ● 離乳食を進め、様々な食品に触れ、幼児食への移行を図る。
	● 保育者や友だちと一緒に楽しい雰囲気で意欲的に食べる。	● スプーンやフォークの正しい持ち方を知り、楽しい雰囲気で自分からすすんで食べる。
	● 楽しい雰囲気の中で、正しい持ち方でスプーン、フォーク、はしを使って食べる。 ● 野菜作りを手伝い、収穫物を友だちと一緒に食べることを楽しむ。	● マナーを知り、そのまねをして、楽しく落ち着いて食べる。 ● 簡単なクッキングを通して、食材の変化やクッキングの楽しさを感じ、でき上がったものを喜んで食べる。
	● 食べ物と健康に関心をもち、大きくなりたいという気持ちをもっていろいろな食べ物を食べようとする。 ● 栽培物の収穫を喜び、それを食べることで食材への関心を深める。 ● クッキングに取り組み、調理の楽しさ、食べることの喜びを味わう。 ◎ 正しいはし使いを意識して食べる。 ◎ 食器を持ち、こぼさないように気をつけて食べる。	● 食習慣や食事の大切さを理解し、すすんでマナーを守り、楽しく食事をする。 ● 食べ物と体の働きを理解し、いろいろな食べ物を食べる。 （5歳児） ◎ 食べ時間を意識して食べ終えようとする。 ◎ 就学に向けて食事のマナーを再確認する。
	● 手づかみ食べしやすいような切り方を工夫する。 ● 咀嚼を促すような食材を選び、固さや大きさを成長に合わせて工夫する。 ● 楽しく子どもの目を引くような盛りつけを心がける。	● 見た目で楽しさを感じられるような盛りつけを心がける。
	● クラス訪問時に体をつくる栄養などについての声かけを行う。 ● 適時適温での調理、配膳に気をつける。 ● よくかむ力がつくような食材を用いて、献立を立てる。 ● 様々な食材を用いて、そのもち味を生かして調理を工夫する。 ● 展示物や掲示物を設置し、食べ物に関心をもって食べられるようにする。	● 個々の成長や食欲に合わせて食事量を工夫する（おかわりの準備等）。 ● 正しい食事のマナーを知り食べられるよう、保育者と連携し声がけする。 ● 体と食べ物の関係に関心をもって食べられるように、掲示物などを工夫する（5歳児）。
	● 畑の収穫物などでクッキング活動ができるように準備する。	

● 食物アレルギーのある子については、家庭との連絡を密に行う。アナフィラキシーショックのある子へは個別の献立表などを作成し、緊急時の対応については、消防署、病院と事前に打ち合わせ、情報を共有する。

● 家庭と連携を取り、子ども一人ひとりの体質やアレルギーの有無、好き嫌い、食事の量、離乳食などを把握し、安全に食育活動を進める。

※本園では、カフェテリア方式での配膳を行っています。子ども一人ひとりの成長が違うように、食べられる量も好みも個人差があります。食事は楽しく食べられるように無理をせず、一人ひとりが自分の食べられる量を知り、バランスよく食べられるように保育者と連携を取り、時間をかけて進めています。

保育の内容(例)

	乳児		満1歳児～3歳未満児
養護	生命保持・情緒の安定		

養護 / 生命保持・情緒の安定

◎ 生命の保持

【乳児】
- 一人ひとりの子どもの平常の健康状態や発育及び発達状態を的確に把握し、異常を感じる場合は、速やかに適切に対応する。
- 家庭との連携を密にするとともに、嘱託医などとの連携を図り、子どもの疾病や事故防止に関する認識を深め、保健的で安全な保育環境の維持及び向上に努める。

【満1歳児～3歳未満児】
- 清潔で安全な環境を整え、適切な援助や応答的な関わりを通して、子どもの生理的欲求を満たす。また、家庭と協力し、子どもの発達過程などに応じた適切な生活のリズムをつくる。
- 子どもの発達過程などに応じて、適度な運動と休息を取ることができるようにする。また、食事、排泄、衣服の着脱、身のまわりを清潔にすることなどについて、子どもが意欲的に取り組めるよう適切に援助する。

教育 / 身体的発達

◎「健やかに伸び伸びと育つ」【乳児】
- 保育者の愛情豊かな受容の下で、生理的・心理的欲求を満たし、心地よく生活をする。
- 一人ひとりの発育に応じて、はう、立つ、歩くなど、十分に体を動かす。
- 個人差に応じて授乳を行い、離乳を進める中で、様々な食品に少しずつ慣れ、食べることを楽しむ。
- 一人ひとりの生活リズムに応じて、安全な環境の下で十分に午睡をする。
- おむつ交換や衣服の着脱などを通じて、清潔になることの心地よさを感じる。

健康【満1歳児～3歳未満児】
- 保育者の愛情豊かな受容の下で、安心感をもって生活をする。
- 食事や午睡、遊びと休息など、園における生活のリズムが形成される。
- 走る、跳ぶ、のぼる、押す、引っ張るなど全身を使う遊びを楽しむ。
- 身のまわりを清潔に保つ心地よさを感じ、その習慣が少しずつ身につく。
- 保育者の助けを借り、衣服の着脱を自分でしようとする。
- 便器での排泄に慣れ、自分で排泄できるようになる。

人間関係
- 保育者や周囲の子どもなどとの安定した関係の中で、ともに過ごす心地よさを感じる。
- 保育者の受容的・応答的な関わりの中で、欲求を適切に満たし、安定感をもって過ごす。
- まわりに様々な人がいることに気づき、徐々にほかの子どもと関わりをもって遊ぶ。
- 保育者の仲立ちにより、ほかの子どもとの関わり方を少しずつ身につける。
- 園の生活の仕方に慣れ、きまりがあることや、その大切さに気づく。
- 生活や遊びの中で、年長児や保育者のまねをしたり、ごっこ遊びを楽しんだりする。

社会的発達

◎「身近な人と気持ちが通じ合う」【乳児】
- 子どもからの働きかけを踏まえた、応答的なふれあいや言葉がけによって、欲求が満たされ、安心感をもって過ごす。
- 体の動きや表情、発声、喃語などをやさしく受けとめてもらい、保育者とのやりとりを楽しむ。
- 生活や遊びの中で、自分の身近な人の存在に気づき、親しみの気持ちを表す。
- 保育者による言葉や歌による働きかけ、発声や喃語などへの応答を通じて、言葉の理解や発語の意欲が育つ。
- あたたかく、受容的な関わりを通じて、自分を肯定する気持ちが芽生える。

環境【満1歳児～3歳未満児】
- 安全で活動しやすい環境での探索活動などを通して、見る、聞く、触れる、嗅ぐ、味わうなどの感覚の働きを豊かにする。
- おもちゃ、絵本、遊具などに興味をもち、それらを使った遊びを楽しむ。
- 身のまわりのものに触れる中で、形、色、大きさ、量など、ものの性質や仕組みに気づく。
- 自分のものと人のものとの区別や、場所的感覚など、環境をとらえる感覚が育つ。
- 身近な生き物に気づき、親しみをもつ。
- 近隣の生活や季節の行事などに興味や関心をもつ。

言葉
- 保育者の応答的な関わりや話しかけにより、自ら言葉を使おうとする。
- 生活に必要な簡単な言葉に気づき、聞き分ける。
- 親しみをもって日常のあいさつに応じる。
- 絵本や紙芝居を楽しみ、簡単な言葉をくり返したり、模倣をしたりして遊ぶ。
- 保育者とごっこ遊びをする中で、言葉のやりとりを楽しむ。
- 保育者を仲立ちとして、生活や遊びの中で友だちと言葉のやりとりを楽しむ。
- 保育者や友だちの言葉や話に興味や関心をもち、聞いたり、話したりする。

精神的発達

◎「身近なものと関わり感性が育つ」【乳児】
- 身近な生活用具、おもちゃや絵本などが用意された中で、身のまわりのものに対する興味や好奇心をもつ。
- 生活や遊びの中で様々なものに触れ、音、形、色、手ざわりなどに気づき、感覚の働きを豊かにする。
- 保育者と一緒に様々な色彩や形のもの、絵本などを見る。
- おもちゃや身のまわりのものを、つまむ、つかむ、たたく、引っ張るなど、手や指を使って遊ぶ。
- 保育者のあやし遊びに機嫌よく応じたり、歌やリズムに合わせて手足や体を動かして楽しんだりする。

表現【満1歳児～3歳未満児】
- 水、砂、土、紙、粘土など様々な素材に触れて楽しむ。
- 音楽やリズム、それに合わせた体の動きを楽しむ。
- 生活の中で様々な音、形、色、手ざわり、動き、味、香りなどに気づいたり、感じたりして楽しむ。
- 歌をうたったり、簡単な手遊びや全身を使う遊びを楽しんだりする。
- 保育者からの話や、生活や遊びの中での出来事と通して、イメージを豊かにする。
- 生活や遊びの中で、興味のあることや経験したことなどを自分なりに表現する。

食を営む力
- 様々な食品や調理形態に慣れ、ゆったりとした雰囲気で食事や間食を楽しむ。
- いろいろな食べ物を見る、触れる、味わう経験を通して、自分ですすんで食べようとする。
- 楽しい雰囲気で、スプーンやフォークの持ち方を知り、自分で食事をしようとする。

3歳以上児

⊙ 情緒の安定

- 一人ひとりの子どもの置かれている状況や発達過程などを的確に把握し、子どもの欲求を適切に満たし、応答的なふれあいや言葉がけを行う。
- 一人ひとりの子どもの気持ちを受容し、共感し、子どもとの継続的な信頼関係を築く。

- 保育者との信頼関係を基盤に、一人ひとりの子どもが主体的に活動し、自発性や探索意欲などを高め自信をもつことができるように、成長の過程を見守り適切に働きかける。
- 一人ひとりの子どもの生活のリズム、発達過程、保育時間などに応じて、活動内容のバランスや調和を図り、適切な食事や休息を取れるようにする。

健康

- 保育者や友だちとふれあい、安定感をもって行動する。
- いろいろな遊びの中で十分に体を動かす。
- すすんで戸外で遊ぶ。
- 様々な活動に親しみ、楽しんで取り組む。
- 保育者や友だちと食べることを楽しみ、食べ物への興味や関心をもつ。
- 健康な生活のリズムを身につける。

- 身のまわりを清潔にし、衣服の着脱、食事、排泄などの生活に必要な活動を自分でする。
- 園における生活の仕方を知り、自分たちで生活の場を整え、見通しをもって行動する。
- 自分の健康に関心をもち、病気の予防などに必要な活動をすすんで行う。
- 危険な場所、危険な遊び方、災害時などの行動の仕方がわかり、安全に気をつけて行動する。

人間関係

- 保育者や友だちとともに過ごす喜びを味わう。
- 自分で考え、自分で行動する。
- 自分でできることは自分でする。
- いろいろな遊びを楽しみ、ものごとをやり遂げようとする気持ちをもつ。
- 友だちと積極的に関わり、喜びや悲しみを共感し合う。
- 自分の思ったことを相手に伝え、相手の思っていることに気づく。
- 友だちのよさに気づき、一緒に活動する楽しさを味わう。

- 友だちと楽しく活動する中で、共通の目的を見いだし、工夫したり協力したりする。
- よいことや悪いことがあることに気づき、考えながら行動する。
- 友だちとの関わりを深め、思いやりをもつ。
- 友だちと楽しく生活する中できまりの大切さに気づき、守ろうとする。
- 遊具や用具を大切にし、みんなで使う。
- 高齢者をはじめ地域の人々など、自分の生活に関係の深いいろいろな人に親しみをもつ。

環境

- 自然に触れて生活し、その大きさ、美しさ、不思議さなどに気づく。
- 生活の中で、様々なものに触れ、その性質や仕組みに興味や関心をもつ。
- 自然や人間の生活には、季節により変化のあることに気づく。
- 自然などの身近な事象に関心をもち、取り入れて遊ぶ。
- 身近な動植物に親しみをもって接し、生命の尊さに気づき、いたわったり、大切にしたりする。
- 日常生活の中で、自分の国や地域社会における様々な文化や伝統に親しむ。

- 身近なものを大切にする。
- 身近なものやおもちゃなどに興味をもって関わり、自分なりに比べたり関連づけたりして考え、試し、工夫して遊ぶ。
- 日常生活の中で数量や図形などに関心をもつ。
- 日常生活の中で簡単な標識や文字などに関心をもつ。
- 生活に関係の深い情報や施設などに興味や関心をもつ。
- 園内外の行事において国旗に親しむ。

言葉

- 保育者や友だちの言葉や話に興味や関心をもち、親しみをもって聞いたり、話したりする。
- したり、見たり、聞いたり、感じたり、考えたりしたことを、自分なりに言葉で表現する。
- したいこと、してほしいことを言葉で表現し、わからないことを尋ねたりする。
- 人の話を注意して聞き、相手にわかるように話す。
- 生活の中で必要な言葉がわかり、使う。

- 親しみをもって日常のあいさつをする。
- 生活の中で言葉の楽しさや美しさに気づく。
- いろいろな体験を通じてイメージや言葉を豊かにする。
- 絵本や物語などに親しみ、興味をもって聞き、想像する楽しさを味わう。
- 日常生活の中で、文字などで伝える楽しさを味わう。

表現

- 生活の中で様々な音、形、色、手ざわり、動きなどに気づいたり、感じたりして楽しむ。
- 生活の中で美しいものや心を動かす出来事に触れ、イメージを豊かにする。
- 様々な出来事で感動したことを伝え合う楽しさを味わう。
- 感じたこと、考えたことなどを音や動きで表現したり、自由にかいたり、作ったりなどする。
- いろいろな素材に親しみ、工夫して遊ぶ。

- 音楽に親しみ、歌をうたったり、簡単なリズム楽器を使ったりする楽しさを味わう。
- 書いたり、作ったりすることを楽しみ、遊びに使ったり、飾ったりする。
- 自分のイメージを動きや言葉などで表現したり、演じて遊んだりするなどの楽しさを味わう。

食を営む力

- 保育者や友だちと食べることを楽しみ、食べ物への興味や関心をもつ。
- 友だちと一緒に食事をし、食事の仕方が身につく。

- 体と食べ物の関係に関心をもつ。
- 地域の食物や食文化に関心をもつ。

自立の過程　睡眠・食事・遊びの発達過程、排泄の自立の過程（例）

月齢	1	2	3	4	5	6	7	8	9	10	11	12
運動	ベッドでねんね。首がすわる			寝返り・お座りをする			ハイハイ・つかまり立ちをする			伝い歩き・よちよち歩き		

遊び

見える・聴こえる	さわってみたい	確かめたい	何度もやってみたい
ガラガラやメリーなど動くものを見つめる。 保育者の歌声などを聞くと喜んで声を出す。 抱っこで散歩し、光や風にあたる。	手を出してつかみ、振ったりなめたりして確かめる。 ガラガラ、プレイジム、ぬいぐるみなどで遊ぶ。 「いないいないばあ」やくすぐり遊びを楽しむ。	ブロック、ガラガラなをど両手に持ち、なめたりして確かめる。 絵本を読んでもらい、保育者の表情や仕草をまねる。 風呂敷などを使って「いないいないばあ」を楽しむ。	太鼓など音の出るおもちゃを何度もたたいて遊ぶ。 指先でつまんで入れたり出したりして遊ぶ。 保育者と「バイバイ」などの身振り手振りで遊ぶ。

睡眠の発達過程

眠り中心の生活の時期	昼夜のリズムが確立する時期	午前の睡眠と午後の睡眠の時期
● 生活の大半を眠って過ごす。 ● 昼夜の区別がついていない。 ● 眠りと目覚めをくり返し、次第に目覚めている時間が長くなってくる。 ● おなかがすくと目覚め、乳汁を飲み、おなかがいっぱいになると眠る。	● 昼間目覚めている時間が増え、少しずつまとめて眠ることが多くなる。 ● 昼夜のリズムが確立し、夜間の睡眠時間も次第に長くなる。 ● 寝入りや目覚めの時にぐずったり、泣いたりする。	● 一日の睡眠時間が14時間前後となり、午前と午後の眠りになってくる。 ● 眠くなると特定の保育者を求め、安心して眠る。 ● 自分の眠る場所がわかり、その場所であると安心して眠れる。 ● 目覚めた時、なじんだ保育者を求め、見つけると安心する。

食事の発達過程

乳汁中心（飲ませてもらう）	準備期	離乳期	（食べさせてもらう）	（手伝ってもらいながら食べる）
● 授乳のリズムが整わず不規則である。 ● 空腹になると不快を感じて、ぐずったり泣いたりする。	● 授乳のリズムが整ってくる。 ● 食べるものを見ると声を出し、食べさせてほしいという表情をする。 ● スプーンなどの感触に慣れる。 ● 手に握ったものを口にあて、なめたりする。	● 離乳食を午前1回食べる。 ● 舌の突き出し反射が消え、食べ物を見るともぐもぐする。 ● 歯が生え始め、よだれが多く出て食べたがる。 ● 舌を前後に動かし、口唇を閉じるようになり飲み込む。 ● ものを握り、何でも口に持っていこうとする。 ● 食べ物を見ると、手足をばたばたして喜ぶ。	● 離乳食を2回（午前1回、午後1回）食べる。 ● 舌で食べ物をつぶして食べられるようになる。 ● スープは実のないものから、少しずつ実の入ったものを食べる。 ● はじめて食べる味や形態は拒む。 ● 食べたいもの指さしたり、手づかみ食べをする。 ● 食卓を見ると、食事が始まるのがわかり反応する。 ● 食べるリズムや食べ癖などに合わせて食べさせてくれる保育者だと、安心して食べる。	● 離乳食を一日3回食べる。 ● 乳汁より食事の離乳食のほうを多く食べる。 ● 唇を閉じたり開いたり、舌を左右に動かし食べる。 ● 前歯でかみ切って食べる。 ● 食欲にむらがあり、好きな食品や嫌いな食品が出てくる。 ● 手づかみで食べ、コップで飲もうとする。 ● フォークやスプーンを使って食べようとする。 ● 食事後のミルクは飲まないが、おやつ時にミルクを飲む。

排泄の自立の過程

おむつの時期		
● 腎臓の働きや消化機能が未発達のため頻繁に排泄をする。 ● 乳汁を飲むと、すぐに排泄する。 ● 主に水分を含む水様便で、回数が多い。 ● 排便反射による排便で、乳児が便意を感じることはなく、回数が多い。 ● おむつかぶれになりやすい。		● 排尿の間隔が長く、規則的になってくる。 ● 10か月ごろになると、個人差はあるが排尿回数は一日10～16回、排便は1～2回程度となる。 ● 膀胱に尿がたまると反射的に排尿し、子ども自身でコントロールはできないが、声を出したりもぞもぞしたりする。 ● 排便をするとき反射的に腹圧をかけ、いきむ。 ● 軟便から固形便となり、次第に回数も少なくなる。

13	14	15	16	17	18	19	20	21	22	23	24	25	26	27	28	29	30	31	32	33	34	35	36
とことこ歩き・のぼる						すたすた歩き・走る						蹴る・のぼる・ジャンプする・バランスをとる											

行ってみたい・確かめたい	動きたい・話したい	まねしたい・一緒に遊びたい	使ってみたい・なりきりたい
戸外に出ると興味のあるものに向かって歩く。 鍵やボタンなどをどのように使うか確かめて遊ぶ。 絵本などを通して保育者とやりとりを楽しむ。	ボールを投げたり、つかんだりなど全身活動を好む。 砂や水などいろいろな素材に触れ、感触を楽しむ。 友だちと野遊びを好み、トラブルになることもある。	高いところから飛び降りたり、ぶら下がったり、全身を使って遊ぶ。 リズムに合わせて手足を動かす。指先を使う遊びに夢中になる。 ごっこ遊びが盛んになり、その役になりきって遊ぶ。	三輪車をこぎ、平均台をバランスをとって渡る。 はさみ、のりなどの道具を使って作ることを楽しむ。 いすや積み木を使って電車やトンネルに見立てて遊ぶ。

午後の睡眠に移行する時期	午後1回の睡眠の時期
● 日中の眠りが定着せず、その日によって眠る時間に違いがある。 ● 午前の睡眠と午後の睡眠をくり返し、午後1回の睡眠の日が多くなってくる。 ● 昼食時間に眠くなり、機嫌が悪くなったりする。 ● 睡眠時、特定の保育者との関わりを求め、特定の保育者だと安心して眠る。 ● 眠りの前の絵本やお話を楽しみに待つ。 ● 自分の眠る場所にこだわり、その場所で安心して眠る。	● 午後1回まとめてぐっすり眠る。 ● 存分に遊んだ時は、ぐっすりと眠る。 ● 眠りに入る前の絵本やお話を楽しみに待つ。 ● 時には保育者を求めるが、だいたいは一人でも眠れるようになる。 ● 一緒に眠りたい友だちができる。 ● 睡眠の準備や身支度ができるようになる。

離乳完了	普通食（一人で食べる）
● 離乳食完了。普通食（一日3回）を食べるようになる。 ● ごはんを食べ、牛乳を飲む。 ● あごが自由に動くようになり唇を閉じて食べ物を左右、上下に動かして食べる。 ● コップや汁椀を持って飲む。 ● フォークやスプーンを持って食べられるようになる。 ● 食べたい、食べたくないがはっきりしてくる。	● 幼児食から普通食を食べるようになる。 ● ごはんやおかずなど様々なものが食べられるようになる。 ● もぐもぐと食品の味を楽しんだり、あまりかまずに飲み込んだりと、様々な食べ方をする。 ● 促されるとごはんとおかずを交互に食べようとする。 ● スプーンやフォークを持って食べるが、はしにも興味をもち使ってみようとする。 ● 食べる・食べないがはっきりし、食べたくないものは拒み続ける。 ● 好みのものを見つけると、それを一番に食べたいと主張するようになる。

便器に慣れる時期	おむつの外れる時期	トイレで排泄する時期
● 排泄の間隔がおおよそ一定になり定着する。個人差はあるが回数も少なくなる。 ● 尿意を感じても、予告したり我慢することはできない。 ● 大便のとき、いきんだり、おむつに手を当てたりする。排尿後「チッチ」などと知らせるようになる。 ● 便意を感じ、随意的に排便をコントロールできるようになる。 ● トイレに興味が出てくる。	● 排尿の間隔が長くなる。 ● おおよそ1時間半～2時間ぐらいになる。 ● おむつにしたり、トイレで排泄したり、もらしたり、排泄の場が定着しない。 ● 遊びの途中でおむつ交換されたりトイレに誘われたりするのを嫌がる。 ● 特定の保育者に排泄に関わってほしいとこだわったり、トイレの特定の場所にこだわったりする。	● トイレで排泄する。 ● 尿意を感じ、排泄前に保育者に知らせることもある。 ● 遊びに夢中になると間に合わず、もらすこともある。 ● 「おねしょ」はまだ続くが、タイミングよく誘えばトイレでできるようになる。 ● トイレットペーパーを使ってふこうとし、排泄後の手洗いもするようになる。

ダウンロードのご案内

本書に掲載している月案（PDF形式）をダウンロードすることができます。ダウンロード後、お使いのコンピュータにファイルを保存し、ご活用ください。

収録内容

付録　2歳児クラスの月案（12か月分）PDF形式

※ダウンロード時の通信料はお客様のご負担となります。
※本書をご購入後、早い段階でのダウンロードをお願いいたします。本書の改訂や絶版、弊社システムの都合などにより、予告なくサービスを終了させていただく場合があります。予めご了承ください。

ファイルのダウンロード方法

パソコンはWindows 10、ブラウザはInternet Explorer 11.0 を例に説明します。

❶パソコンのブラウザのアドレスバーに、次のダウンロードページのURLを入力してください。

https://www.chuohoki.co.jp/movie/8284/

※中央法規コーポレートサイトからはダウンロードページにアクセスできません。上記URLを直接入力してください。

❷ダウンロードしたいファイルのリンクをクリックしてください。

❸自動的にダウンロードが開始され、画面にメッセージが表示されるので、保存先を決めて「保存」をクリックしてください。保存されたファイルを開くとパスワードの入力画面になりますので、パスワードを入力してください。

パスワード：ShidoK2

動作環境　● 閲覧機器
　　　　　　　パソコン、タブレットにてファイルをご覧いただけます。スマートフォンでの閲覧は保障いたしません。
　　　　　　● 推奨OS、ブラウザのバージョン
　　　　　　　Windows 8.1-Internet Explorer 11.0
　　　　　　　Windows 10-Internet Explorer 11.0、Microsoft Edge
　　　　　　　MAC – Safari、Google Chrome、Firefox（OS も含めて最新版のみ）
　　　　　　● 接続環境
　　　　　　　上記の環境を有する場合でも、お客さまの接続環境等によっては一部の機能が動作しない場合や画面が正常に
　　　　　　　表示されない場合があります。また、ダウンロード時の通信料はお客様のご負担となります。

　　商標　● Windows® の正式名称はMicrosoft® Windows® operating System です。
　　　　　● Windows 8.1、Windows 10、Internet Explorer 11.0、Microsoft Edgeは米国 Microsoft Corporation の米国
　　　　　　およびその他の国における登録商標および商標です。
　　　　　● Mac OS、Safari はApple Computer Inc. の米国およびその他の国における登録商標または商標です。
　　　　　● Chrome はGoogle Inc. の商標または登録商標です。
　　　　　● Firefox は Mozilla Foundation の商標です。

編著者

阿部和子 （あべ・かずこ）

東京家政大学家政学部児童学科卒業、日本女子大学大学院修士課程修了（児童学専攻）、聖徳大学短期大学部教授、大妻女子大学教授を経て、現在は大妻女子大学名誉教授、大阪総合保育大学大学院特任教授。厚生労働省保育専門委員会委員・同ワーキンググループ委員、保育所保育指針、認定こども園教育・保育要領（2017年告示）の改定（改訂）、保育士養成課程等検討会委員として2019年度施行の保育士養成課程の改定に携わる。乳児保育の研究に長年携わり、保育士養成や保育士等キャリアアップ研修「乳児保育」研修等の講師をつとめる。

山王堂惠偉子 （さんのうどう・けいこ）

日本女子大学家政学部児童学科卒業、聖徳大学大学院児童学研究科博士前期課程修了、社会福祉法人米沢仏教興道会興道南部保育園・興道親和乳児園・興道東部保育園保育士を経て主任保育士、興道西部保育園・興道北部保育園・興道南部保育園園長を歴任、山形短期大学非常勤講師、東北文教大学講師、准教授を経て、現在は非常勤講師。保育士等キャリアアップ研修「乳児保育」、子育て支援員、園内研修等の講師をつとめる。

執筆・協力

社会福祉法人白鷹町社会福祉協議会　さくらの保育園
　鈴木智子（2019年度　園長）
　鈴木照代（2019年度　保育士）
　林　奈美（2019年度　保育士）
　菅原沙矢香（2019年度　保育士）
　他職員

保育の質が高まる！
２歳児の指導計画
子ども理解と書き方のポイント

2021年2月20日　初版発行
2022年5月15日　初版第2刷発行

編著者　　　阿部和子・山王堂惠偉子
発行者　　　荘村明彦
発行所　　　中央法規出版株式会社
　　　　　　〒110-0016　東京都台東区台東 3-29-1　中央法規ビル
　　　　　　Tel 03 (6387) 3196
　　　　　　https://www.chuohoki.co.jp/

編集協力　　　　　　　株式会社こんぺいとぷらねっと
印刷・製本　　　　　　株式会社ルナテック
装幀・本文デザイン　　平塚兼右、平塚恵美、
　　　　　　　　　　　矢口なな、新井良子（PiDEZA Inc.）
装幀イラスト　　　　　さかじりかずみ
本文イラスト　　　　　近藤えり

定価はカバーに表示してあります。
ISBN978-4-8058-8284-9
本書のコピー、スキャン、デジタル化等の無断複製は、著作権法上での例外を除き禁じられています。
また、本書を代行業者等の第三者に依頼してコピー、スキャン、デジタル化することは、たとえ個人
や家庭内での利用であっても著作権法違反です。
落丁本・乱丁本はお取替えいたします。
本書の内容に関するご質問については、下記URLから「お問い合わせフォーム」にご入力いただき
ますようお願いいたします。
https://www.chuohoki.co.jp/contact/